謎の海女

女の子の謎を解く

三宅香帆 著

笠間書院

まえがき――あなたもヒロインを語ろう

ヒロインの活躍する物語が好きだった。

小さいころに触れた戦う女の子の漫画も、学生時代に読んだ女性主人公の小説も、社会人になって観たきれいな女優が出演する古い映画も、そのどれも、ヒロインたちのきらめきに惹かれた。主人公じゃなくても、登場する女性たちがいきいきしていると、嬉しくなった。フィクションのみならず、現実を生きる女の子たちの物語に元気をもらうこともあった。

しかし一方で、彼女たちのすばらしさについて語ろうとすると、その言葉は、どこか手探りでしか見つからなかった。

私は普段、書評家という仕事をしている。本を読み、本を紹介したり解説したりする。ざっくり言えば、本の批評を書いてお金をもらう、けったいな仕事である。だからこそというべきか、私は人の書いた批評を読むのが好きだ。というか批評を読むのが好きだから、自分も書きたいと思ってこんな職業に就いたのだ。

和歌や詩、日本文学や海外文学、名作映画、そのどれもに批評が存在する。私は昔から、人の批評を読むことで、自分が批評する言葉を手に入れていた。文学部にいたから、どの批評が面白そうかくらいは見当がつく。面白い批評を読んで「なるほど、こうやって語るのか」と学んだ。

しかし一方で、自分が心から惹かれたヒロインたちについて、「なるほど、面白い」と思える批評をしてくれた言葉は、少なかった。

もちろんあるにはある。でも量が圧倒的に少ない。ギャツビーについて語る言葉よりもスカーレット・オハラについて語る言葉のほうが絶対に少ないと思ったし、ルフィについて語る言葉よりもさくらちゃんについて語る言葉のほうがやっぱり少ないと思った。単純に、本や論文といった、後世に残る形で流通している言葉が少ないのかもしれない。

なんでこんなに少ないんだろう。そう思いながら、私の頭には、いつだってヒロインたちについての謎が浮かんでいた。

なんで男女逆転モノって少女漫画に多いんだろうな。なんで物語の姉妹キャラって基本的にお姉ちゃんのほうが落ち着いているんだろう。シンデレラストーリーって今だとどう変わっているんだろう。なんで大人数のアイドルって流行ったんだろう。なんで母娘の話って最近よく見かけるんだろう。

ふつうはこういう謎が浮かんだとき、過去の批評を漁《あさ》れば、答えが出てくる。でも、ヒロインたちの物語については、見つからない。なぜならそもそもヒロインたちを語る言葉が少ないからだ。

や、もっとヒロインについて批評する言葉が増えてもいいはずでは!? 令和じゃん!?

心からそう思った。ぶっちゃけヒロインについて語る言葉が少ない理由は分かっている。批評の語り手に男性が多かったからだ。そりゃ少女漫画や女性主人公の小説やアニメについて書く男性批評家（とここはあえてまとめる）もたくさんいる。言うまでもなく、それらのジャンルを専門とする女性の研究者や書き手も多い。私も先人たちの書きものを読んできた。でも、やっぱりまだ量が足りない。私はそう感じる。批評なんて、まずはたくさん語られないことには、本当のことに辿り着くまでに時間がかかってしまうものだから。まずは量を増やすのが肝心なのだ。

というわけで、「全日本ヒロイン批評本を増やそう連盟会長として」……というのはふざけすぎだが。まずは自分で、ヒロインたちについて語る言葉を書いてみた。それがこの本である。

本書は三部構成になっている。

一部はヒロインたちのキャラクターについて、二部はヒロインたちが登場する作品について、三部はヒロインたちの物語に通底するテーマについて書いた。ここでいうヒロインとは、単純に「物語で活躍する女性」の意味だ。

一部は女性キャラクターのあり方の謎に焦点を当てた。みんなが共有するヒロイン像が時代とともに変わっていたり、ヒロインという存在そのものが多様になっていたりする時代だ。そのなかで生まれた謎について言及する。

二部は、作品論だ。といっても堅苦しいものではなく、主に少女漫画について書いている。私が少女漫画というジャンルの一ファンとして「なぜ少女漫画はこんなに素晴らしいのにこんなに語る言葉が少ないのか……！」と長年フラストレーションを溜めた結果、二部まるまる使って少女漫画論を書くことになった。楽しかったです。

三部は、ひとつの「謎」を通して、さまざまなジャンルの女性について包括的に語る。『細雪』や『麦秋』といった古典的文学・映画から、ＡＫＢ48などのアイドルまで触れている。私はアイドルについて、ただのエンタメ現象としてよりもっと現代批評のような形で迫る言葉があってもいいのになとよく思っていたので、アイドル論も本書に収録している。アイドルもまた間違いなく昨今のヒロイン像のひとつだと思う。

とまあ本書の主旨をだらだら書いてきたが、簡単に言ってしまえば本書の狙いはただひとつ。「この本を読み終わった後に、あなたが自分にとってのヒロインについて語りたくなること」だ。

もちろんあなたの性別や属性はなんら関係ない。ヒロインの次元も問わない。

もっとヒロインたちを語る言葉が増えてほしい。批評の言葉によってはじめて「ああ、この物語ってこういう話だったのか」と理解できる瞬間がある。

彼女たちの謎を解くことで、きっと本当の意味で、彼女たちを理解することができる。


あなたのヒロインは誰ですか？　そしてそれは、どんな人ですか？

私のヒロインはね、とこれから語る言葉を、聞いてもらえると、とても嬉しい。

女の子の謎を解く

もくじ

第二部

少女漫画の謎を解く——作品論

第三部

女性の物語の謎を解く——テーマ論

第一部

女性キャラクターの謎を解く
――ヒロイン論

ヒロイン像も時代とともに変わっているの

——ヒロイン像の変遷

Contents & Girls

紫式部は、地獄に堕ちた？

紫式部をご存知だろうか。

……って完全に読者を舐《な》めている発言。失礼いたしました。『源氏物語』[1]の作者ですね。

では、こちらはご存知だろうか。

鎌倉時代、「紫式部が地獄に堕《お》ちた伝承」があったこと。

「紫式部が地獄に堕ちた伝承」というのは、『宝物集《ほうぶつしゅう》』[2]、『今物語』[3]に収録された話である。紫式部が地獄に堕ちた理由は、当時「嘘の物語を書いて人の心を惑わすの

1 紫式部による平安中期の長編物語。光源氏を主人公に平安時代の貴族社会を描く。ありとあらゆるタイプのヒロインが出てくる。筆者のいちばん好きなヒロインは雲居の雁。2 平康頼によるとされる平安時代末期〜鎌倉時代初期頃成立の仏教説話集。3 藤原信実によるとされる鎌倉時代中期の説話集。

は罪業」だったから、らしい[4]。

しかしこの通称「紫式部堕獄説」には同時代の裏話が存在する。平安末期に成立した歴史物語『今鏡』には、「あんなすてきな物語を書いた紫式部様は罪人なんかじゃない、観音様だ！」と語り手が反論する場面が出てくるのだ。しかもこの語り手、紫式部に仕えていた侍女が老婆（※150歳）になったという設定。ちなみに若い頃の名前は「あやめ」。うーん、源氏物語ファンによる二次創作では、と邪推したくなるが、それはそれとして面白い話だ。

紫式部ひとりとっても、こんなにも受け取り方は変わる。そう、時代によって、キャラクターは変わるのである。

紫式部がいた。ただの歴史上の人物だ。だけど時や立場が変わると「罪人」あるいは「観音様」と、キャラクターとしての解釈が変わる。一見同じ人物なのに、語られ方の細部や結論も変わっていく。

……平安時代だけの現象だろうか？　私はそうは思わない。物語の中ではいつでも同じことが起きている。

たとえば２０１９年公開の実写映画『アラジン』。１９９２年のアニメ映画『アラジン』[5]から、同じキャラクターを用いつつも、解釈を変え、時代の価値観に合う設定に変更していた。ヒロインのジャスミンは、１９９２年段階でも気の強い性格の姫だった。しかし２０１９年のジャスミンは、より強く、自分がリーダーに立ちたいと明瞭に語る。私が王になりたいのに性別のせいで阻まれている、と語る２０１９年版ジャスミンは、明らかに昨今のフェミニズムの流行を意識したキャラクターだった。

紫式部の時代から今に至るまで、価値観の変化によって、解釈や行動そして結末が変更されるのは、時代の常である。

私たち自身の振る舞いも時代によって変わるように、物語は自然と時代の思想を写す鏡になる。むしろちゃんと写せる曇りなき鏡になったとき、それが時代を象徴する

4 小谷野敦「『源氏物語』批判史序説」『文学』４（１）、２００３年 5 イスラム世界の説話集『千夜一夜物語』の『アラジンと魔法のランプ』を原案として、１９９２年にアメリカで製作されたアニメ映画。実写映画はアニメ映画のリメイク作品として２０１９年に製作された。筆者はアニメ版に登場していなかった侍女ダリアが好きでした。ダリアは映画オリジナルキャラクター。ジャスミン姫とのシスターフッド物語を展開。

物語になり得るのだろう。

では、価値観の変化も激しい今、どのようなキャラクターが物語では描かれているのか。本章ではヒロインたちの時代の変化について見てみたい。

峰不二子とファム・ファタール

たとえば、「ファム・ファタール（運命の女）」というヒロイン像を考えてみよう。フランス語でFemme fatale、小説や映画のなかに出てくる、運命的な女――の意味から転じて、男を滅ぼす悪女、のようなイメージで用いられる言葉だ。

オスカー・ワイルドの戯曲に登場する「サロメ」。その美しさゆえに国を傾けたという「楊貴妃」。谷崎潤一郎の小説『痴人の愛』のヒロインとして、主人公を破滅させた女「ナオミ」。古今東西どの物語を見ても、「男を破滅させる女」はいつの時代も大人気である。美しく、気高く、しかし男の身を滅ぼすほど欲望が強く、だからこそ、そばにいると男が悪い運命に導かれる女。

おそらくあなたも、一度はこの「ファム・ファタール」類型のヒロインを見たことがあるだろう。

たとえば峰不二子。

日本での「ファム・ファタール」幻想のひとつの金字塔といえば、『ルパン三世』[6]の「峰不二子」だろう。シルエットから振る舞いに至るまで、「峰不二子的な存在」といえば私たちの頭の中には共通したイメージが想定される。セクシーな身体。赤い唇。切れ長で睫毛《まつげ》の長い瞳。ゆらりとしたフォルムの髪型。鼻の高い横顔。ぴたりとした服装。そして誘惑的な台詞《せりふ》。アクションもお手のもの。なんでもないような顔で味方を裏切る、悪い女。私たちは、「峰不二子」といえば、セクシーで悪女、だけど魅力的なイメージを思い浮かべることができる。

漫画『ルパン三世』の連載が1967〜1969年だ。連載完結から50年経ったい

6 モンキー・パンチ『ルパン三世』1967年〜1969年、双葉社

まなお、「峰不二子的ファム・ファタール」は日本のセクシー・シンボルとして立ち続けている。

しかし、それを踏まえたうえで私はこんな仮説を立てたい。「日本のファム・ファタールはいかに『峰不二子』的な人物造形からずれるか、試行錯誤してきた」のではないか？

というのもセクシーさ、というのはどうにも扱いが難しい。なぜなら、ともするといかにも男性が好きそうな女性像そのまんま、というチープなキャラクター像になってしまう。

いやもちろん男性が本当に好きならいいのだが。「ほらこういうセクシーなお姉さん、好きでしょ!?」とどこもかしこも同じようなキャラばかり出てきたら、食傷気味になる。ものすごくセクシーな身体じゃなくても、自分から主導権を握る女性でなくても、「男性を魅惑し、狂わせるヒロイン」は見つかる。そしてそれは、時代の要請に応じてキャラクターを変える。

たとえば、80年代バブル世代少女漫画の金字塔『サード・ガール』[7]に登場するヒロイン美也は、「買い物好きのファム・ファタール」である。大人のお姉さん、歯科医との不倫経験あり、アパレル会社に勤めるお洒落で美しい彼女。

読むと分かるのが、「さすがバブル時代のファム・ファタール」と感心してしまうほど、彼女は男性に化粧品や服を買ってもらう。既婚者である恋人に靴を買ってもらい、「はかせて」と呟《つぶや》く場面まである。

しかし90年代になると、少しファム・ファタールの気色は変わる。90年代のヒロイン『新世紀エヴァンゲリオン』[8]の綾波《あやなみ》レイは、いうなれば「ナイーブな男性のためのファム・ファタール」。彼女はじっと主人公を見つめ、「あなたは死なないわ、私が守るもの」と呟く。綾波レイのファム・ファタール造形は、なかなかそれまでの作品では見られなかったヒロインっぷりである。

7 西村しのぶ『サード・ガール』スタジオシップほか。なぜ「ほか」かというと、掲載誌が連載途中で転々としたから。バブル時代の関西がいかに豊かだったかを教えてくれる漫画。みんなお金持ってたんだなあと思う。そして絵がかわいい。8『新世紀エヴァンゲリオン』1995年10月〜1996年3月、テレビ東京系ほか。2021年、映画編も含めて完結。

敵だか味方だか分からない60~70年代のヒロイン峰不二子、80年代の買い物好きな美也と比べると、90年代のヒロインは、惑わせる相手である男子がナイーブになっていることを前提としている。

そして00~10年代のファム・ファタールを見てみたい。挙げたいのは、ドラマも流行した少女漫画『失恋ショコラティエ』[9]のサエコである。

キーワードは「自覚的なファム・ファタール」ではないだろうか。

サエコは、石原さとみ主演ドラマ（2014年）にて男女両方から人気を博したキャラクターだ。主人公がずっと失恋を続ける魅惑のヒロイン。

従来、異性から好かれるために計算して「あざとく」振る舞う女性キャラクターは嫌われるのが常識だった。峰不二子のようなセクシーで主体的なキャラクターなら憧れもするが、いわゆる「ぶりっこ」と言われるような、男性の好みであることを主軸に置き、それによってモテている女性像、というのは、男性人気を得ても女性人気を得ることはできない、と思われていた。

しかし『失恋ショコラティエ』では、ヒロイン・サエコの恋愛観や振る舞いの計算高さが徐々に肯定的に描かれる。たとえばあまり異性から好かれることのない主人公の同僚のアラサー女性薫子《かおるこ》は、サエコのことを最初は否定的に見る。「イライラする」と頻繁に呟き、あまり好きではない様子を隠さない。しかし展開が進むにつれ、薫子がサエコに恋愛指導をしてもらい、薫子はサエコの発言を受け入れるようになる。サエコとの交流は、むしろ薫子自身の人間的成長につながるような描写が登場するのだ。

おそらくこれは『失恋ショコラティエ』の読者のサエコへの印象と重なっている。というのも、薫子と自分を重ねることで読者自身もまた、「普通のモテる女性キャラクター」であったサエコへの印象が、「自分もまねしたい身近なモテる女性」へ変わっていくように『失恋ショコラティエ』の展開は進む。

実際、サエコをドラマで石原さとみが演じた際には、たとえばコスメを熱心に愛す

9 水城せとな『失恋ショコラティエ』2009年〜2015年、小学館。テレビドラマは2014年1月〜3月、フジテレビ系。テレビドラマのサエコ役を演じた石原さとみの人気はすさまじく、ドラマが終わって数年経ってもなおSNSでは彼女の服装や髪型を模倣する女子たちの投稿をたくさん見る。本当にたくさん見る。

る女性たちの間でも、SNSを中心に人気が爆発することになった。サエコという女性が、2010年代の女性にとって憧れとなるキャラクター造形だったからではないか。サエコは、峰不二子や美也、綾波レイと比較して、より自覚的な自己プロデュースによってファム・ファタール性を保つ。自覚的だからこそ読者は「自分もまねできそう」と感じ、主体性すら見出すことができる。それは身近になったファム・ファタール像であり、同時に、「あざとさ」に主体性を見て好感度を持つきっかけにもなった。

峰不二子の時代から遠くにやってきて、より身近な女の子がファム・ファタールになる時代である。

ファム・ファタールは常に「男性の理想」と「女性の憧れ」の間を揺れている。男性からみれば、こんな女性が好きだけど身近にいたらちょっと怖い。だけどやっぱりいてほしい。女性からみれば、男性から好意を寄せられるほど魅力的な女性像には惹かれるけれど、媚《こ》びる女性ではありたくない。そんな矛盾を抱えた「魅惑のヒロイン」は、男性視点と女性視点の双方を行き来する。

だからこそ、ファム・ファタールは身近な存在になったり、だけどやっぱり遠くの憧れであったりする。時代のうつろいを反映しやすいキャラクター造形なのかもしれない。

戦うヒロインは「戦闘〝美〟少女」か？

しかし反対に、時代の反映を受けづらいヒロインキャラクター像も存在する。

たとえば「戦うヒロイン」。

戦うヒロイン。例を聞くと、筆者と同世代ならばおそらく「セーラームーン」「カードキャプターさくら」「プリキュア」あたりの名が挙がるだろう。戦闘美少女、と言ったほうが分かりやすいのかもしれない。

しかし考えてみてほしい。本来「戦う少女」は「戦う美少女」に限らないはずではないだろうか？　しかしどの時代でも、戦う少女は、どこか見た目のかわいさを前提としているように私には見える。

なかなか根深いと感じるのは、たとえば戦う少女の分析を行う評論集『戦闘美少女の精神分析』[10]ですら、「戦う少女」と「戦う美少女」がほぼイコールで語られている（例ちくま文庫p162とp163）。私たちが「戦う少女」を思い浮かべても、どうしても「戦う美少女」を想像してしまうのではないか。

では、この世に美人でない戦闘少女キャラクターはいないのか？　そう考えてみると、たとえば元祖「ジブリ版戦うヒロイン」の『風の谷のナウシカ』[11]。ナウシカは、特別美人、という描写はない。あるいはたとえば『ローグ・ワン／スター・ウォーズ・ストーリー』[12]のヒロイン・ジンなんかも、とくに美人という設定は存在しない。

存在しない、はずなのだが、ナウシカもジンも、視聴者からすると明らかに「美少女」風に見えてしまう。キャラクターとしては特別、美少女ではない。しかしどこか美少女に見える。

興味深いのは、ふたりとも「父の後を継ぐ」ことに奮闘するキャラクターであることだ。お父さん大好きな戦う女の子が美少女という設定に、妙な納得感を覚えてしまうのは私だけだろうか。さらに冒頭に挙げた『アラジン』のヒロイン・ジャスミンもやはり「父の娘」で「戦うヒロイン」で「美人」だ。

1980年代も2010年代も、時代を超えて「戦う少女」は「戦う美少女」とイコールなのだろうか？

そう考えたところで、ひとりのヒロインを挙げてみたい。1936年の小説『風と共に去りぬ』[13]の、スカーレット・オハラだ。

スカーレットは南北戦争時代に家を奪われ家族が死ぬという壮絶な状況に追い込まれる。しかし彼女は屈しない。男にモテつつ自分の力で商売や家庭を営み、人生を切り開く元祖「戦うヒロイン」だ。

10 斎藤環『戦闘美少女の精神分析』2006年、筑摩書房 11『風の谷のナウシカ』1984年、東映 12『ローグ・ワン／スター・ウォーズ・ストーリー』2016年、アメリカ。筆者はフェリシティ・ジョーンズのファンなので、大変楽しく観たSWシリーズスピンオフ映画。13 マーガレット・ミッチェル『風と共に去りぬ』1936年、アメリカ。岩波文庫では全六巻ある長編小説。でも一気に読めちゃう面白さ。筆者は旧新潮文庫の大久保康雄・竹内道之助の翻訳がとくに好きです。

が、特徴的なのは作者が彼女を殊更《ことさら》に「美人ではない」と綴る点である。映画でスカーレット役を演じたヴィヴィアン・リーが美人なので、あまり知られていない事実だ。しかし小説にはちゃんと、何度もスカーレットは「整った美人ではない」と書かれてある。

スカーレットはモテる。しかしそれは容姿ではなく、振る舞いで男性を魅了した結果だ。そして彼女は商売を始め、家庭の大黒柱となり、離婚する――現代でも「先進的」と言われそうな革新的ヒロインである。

彼女は時代を超えて人気がある。それは彼女が「なんとなく美少女の戦うヒロイン」ではなく、「生まれついての美人でも性格がいいわけでもないけれど、世間と戦ううちに強くなるヒロイン」というストーリーを内包した存在だからではないだろうか？

これまで、ヒロインは美少女のほうが、戦闘シーンも見ていて楽しいかもしれない。美人のほうが、話が盛り上がるのでは。そんな「とりあえず美人風」な、戦うヒロインが活躍してきたのかもしれない。

しかし1936年に生まれたスカーレットのように、キャラクター造形に基づいた容姿の設定を事細かく作者が書き込むことで、物語にリアリティが生まれた例も存在する。

戦う少女は、戦う美少女とは限らないのだ。本当は。

ヒロインは、変わる

時代の要請を受けて、ヒロインのキャラクター像は形を変える。

「男性たちの憧れ」や「戦うヒロイン」なんて、どの時代も同じようなキャラクターだと思われるかもしれない。しかしそれでもヒロインは、時代によって、形を変えていくものなのだ。

時代によって、解釈は変化する。時代のイデオロギーを、物語は確実に内包する。

そうやって、さまざまなフィクションは生み出されてゆく。

時代が変われば、ヒロインたちもまた、変化してゆくのだ。

人のケアにまわるキャラって、主人公になっているの？

――ケアするヒロイン

Contents & Girls

『カードキャプターさくら』
→知世

『タッチ』→浅倉南

『ノルウェイの森』→緑

『逃げるは恥だが役に立つ』
→みくり

『ごちそうさん』→め以子

『推し、燃ゆ』→あかり

ケアするヒロイン

前章では、「戦うヒロイン」として戦闘美少女問題を取り上げた。しかし私たちは、戦うばかりでは生きていられない。充電の時間がないスマホなんて存在しないように、私たちは休まないと生きていけない。食べたり、清潔にしたり、生活をしないと生きていけない。ウルトラマンですら3分しか戦っていないのである。休まないと戦えない。

これは戦うヒロインたちにとって、なかなか重大な問題ではないか。だって昔の戦うヒーローには、生活をかわってくれて休息時間を与えてくれる女の人が、そばにいてくれた。外で戦い、うちでは休む。ごはんやおふろの準備、シーツの洗濯をしてくれるお母さんがいて、初めてお父さんは戦うことができた。生活をくれる存在がいたのだ。ならば物語における戦うヒロインたちは、どうやって休息をとっているのか？

そんな疑問をもって世界を見渡してみると、「ヒロイン・ヒーローをサポートしてくれる母性のヒロイン」が随所に登場している風景が見えてくる。

たとえば、戦う少女漫画の金字塔『カードキャプターさくら』[1]。街を守るために戦うヒロイン・さくらをサポートをするのは、友人の「知世ちゃん」である。主人公と同じ学年の女の子に母性を読み取るのは一見飛躍があるように見えるかもしれないが、彼女は毎回さくらの戦闘のために手作りの衣装をつくり、戦闘中もビデオカメラ片手にさくらを励ましている。学校では友人として過ごしながら、放課後は主人公の秘密を知りつつ応援する存在なのだ。知世は、さくらの戦う場におけるサポートではなく、ひとつの「休息」の場をつくる、というサポートを施す。

戦うヒロインがさくらだとすれば、知世は、ケアするヒロイン。さくらのように戦って世界をすくうことはないが、一方でさくらをケアすることが知世の役割になっている。

結果的に知世は、さくらへの感情も含めて『カードキャプターさくら』におけるもうひとりのヒロインとなっている。そう、戦うヒロインまたはヒーローの「休息」を誰がつくってきたのか？　という問題を突き詰めていくと、家庭で休息を担うもうひとりのヒロイン、つまりは「ケアするヒロイン」の存在が見えてくる。

「ケア」というテーマについては、1980年代以降「ケアの倫理」という言葉で語られてきた。ざっくり言ってしまえば、今の競争社会って、「健康で仕事のために100パーセント時間を使える大人」を前提としているけど、それっておかしいよね。生きる上で病気や出産や家事や休息は不可欠なのに、それらのケアをする人の存在は無視されているよね、という議論だ。社会学者の元橋利恵は、ケアの倫理の議論について、「フェミニズムの潮流のなかでリベラリズム批判や新自由主義批判の社会理論としても発展してきた」と説明する。

ケアの倫理の視点からは、実はリベラルな平等は、抽象的な個人から成り立つ、均一な人間集団から成り立つ社会を前提にしている。そしてその抽象的な個人とは、

1 CLAMP『カードキャプターさくら』1996年〜2000年、講談社。NHKでアニメが1998年〜2000年に放映された。筆者もリアルタイムで見ていた。今もファンの多い伝説的アニメ。

実質的には、成人の健康な男性がモデルとなっている。このような属性をもつ人は、一般的には、働き、社会で十全なメンバーシップをもち、経済的に自立した、また自分で自分のことが決定できる自律した人として認識されやすい。だが、実際の社会はそのような自立／自律した人間だけでは成り立っていない。彼のために家事や子育てをする人（妻や母親）、小さな子ども、女性、高齢者、障がいをもつ人、病気をもつ人、働けない人など、多様で異なる人々から構成されている。

（『母性の抑圧と抵抗――ケアの倫理を通して考える戦略的母性主義』）[2]

『カードキャプターさくら』のような、女の子が戦って世界をすくう！というストーリーの物語は、いかにもここでいう「抽象的な個人」が脚光を浴びるように思える。主人公が悪と戦い、そして勝つのだ。そこに休息の時間なんて見えなくていい。しかし『カードキャプターさくら』は、さくらをケアする人材を見落とさない。母親をはやくに亡くしているため、家事全般を担う父親のことも描く。さらに、さくらが戦うとき「衣装」を作ったり、さくらの活躍をビデオに収めたり、休息を促したりする存在として知世というヒロインがいる。

また元橋は、ケアを担わされる女性たちを、ケアによって抑圧された存在であると一辺倒に見なす地点から、ケアする経験が資本主義・個人主義的なものとは違う方向性の「倫理」であることを発見したのがケアの倫理だった、と説明する。

ケアの倫理は、個人主義的な従来の「正義」からは取りこぼされてしまう人を見捨てず応答するもの、そして、人と人とのつながりを維持する「もうひとつ」の倫理として「発見」された。そしてそれは、「ケアする人」とみなされ、また実際にケアをしてきた女性たちの経験や主観性の「発見」でもあった。

(『母性の抑圧と抵抗――ケアの倫理を通して考える戦略的母性主義』)

私たちが普通に働いて稼ぎ自立して生きていくには、誰かしらのケアなくしてはあ

2 元橋利恵『母性の抑圧と抵抗――ケアの倫理を通して考える戦略的母性主義』2021年、晃洋書房

りえない。ケアの倫理はそう指摘する。もし誰のケアも受けてこなかった、受けていない、と思うならば、それはケアの記憶を忘れているだけだという。

これを踏まえると、『カードキャプターさくら』はまさしく、ふたりのヒロインが登場することによって可能になった「ケアの倫理」的な物語だった。そんなふうに再解釈することはできないだろうか?

『タッチ』と『ノルウェイの森』に見る母性の葛藤

女性が無償でケアを担うこと。それはときに「母性」と呼ばれてきた。

戦い、あるいは仕事、あるいは学校、あるいはさまざまな表舞台の場ではなく、休息の場で、主人公のサポートをおこなうこと。主人公をケアし、励ますヒロイン。ケアする主体――母性的ヒロイン、という系譜はある一定数存在している。

たとえば代表的なのは『タッチ』[3]の浅倉南。というと、『タッチ』を読んだことのある方なら「南ちゃんって、母性っていうより、小悪魔キャラじゃない⁉　主体性もあるし、サポートって感じじゃないでしょ！」と言いたくなるかもしれない。たしかに南ちゃんは野球部のマネージャーをしていた経緯はあれど、実家の喫茶店「南風」でも腕を揮《ふる》うほどの料理上手であれど、どちらかといえば本心を明かさず男性を翻弄する存在に見える。

しかし『タッチ』の面白いところは、南ちゃんが野球に深入りしていない＝休む場にいるのに、主人公を野球へ導く＝戦う場に連れて行くところ。南ちゃんは、ちゃんと野球するヒーローとしての達也を精神的に支える。マウンドに立った達也を励ましつつ、自分はそのマウンドとは別の場所で活躍していたのだ。

母性的ヒロインというと、どうしても自己犠牲的なヒロインをイメージしてしまう。しかし南ちゃんは自分の主体性も持ちつつ作中に存在しているように見える。

3 あだち充『タッチ』1981年〜1986年、小学館。本稿には関係ないけど私はあだち充作品だと『クロスゲーム』がいちばん好きだ。

これについて前述の元橋は、ケアと自己犠牲についてこんなふうに説明している。

つまり現実社会において、ケアの営みが、ケアする人の自己犠牲を要するものとして表れているのは、ケアそのものが自己犠牲であるからではなく、ケアすることは自己を損なうものとみなす、ケアへの蔑視ともいえる社会に根付いた価値観やまなざし、さらにはケアを担う存在とされてきた女性に対する支配や抑圧の正当化といった、ケアを自己犠牲の行為たらしめている社会構造が要因であることが示唆される。

（『母性の抑圧と抵抗――ケアの倫理を通して考える戦略的母性主義』）

母性がそのまま自己犠牲とつながることは自明ではなく、それは構造のせいだ、という指摘だ。つまり人の世話をすることと、それが自分の何かを犠牲にすることは、必ずしもイコールではない。そこをイコールにする構造が存在することが、問題なのであって。主人公を支えるヒロインだからといって、主体性を犠牲にする必要はないのだ。

同じ80年代の代表的な小説『ノルウェイの森』[4]にも母性型ヒロインは登場する。村上春樹の『ノルウェイの森』には、直子と緑というふたりのヒロインが存在する。主人公のワタナベトオルは、学生運動が盛んな時代の大学生。高校時代から友人だった直子は心を病んでしまっている。一方で、大学で知り合った同級生・緑に惹かれてもいた。

この物語は、心を病んだ直子をケアする主人公、という関係性を描く。一方で、緑というもうひとりのヒロインが、介護というケアを担う存在となっている。そして主人公はどこか緑によってケアされているような印象すら受ける。

つまり『ノルウェイの森』に、ケアをめぐる主題を読み込むことも可能ではないだろうか？

4 村上春樹『ノルウェイの森』上・下、1987年、講談社。本稿には関係ないけど私は村上春樹作品だと一周まわって『ダンス・ダンス・ダンス』がいちばん好きな気がしてきた。

緑は一見浅倉南と同じように、男性を翻弄し、自由奔放に生きるヒロインである。しかし実は「関西風の料理」をつくったり、父親の介護を熱心にしたりと、小説のなかでは「生活を営む」描写の多いキャラクターとして登場する。その様子は、意外にもケアするヒロインとしての側面が強い。もうひとりのヒロイン・直子が病気もあって生活の描写がないことと対照的なほどだ。主人公は、家や病院といった生活の場において緑と時間を過ごし、その生活能力に意外性を感じつつ、緑に惹かれてゆく。

しかし緑はある時、言う。「いつも飢えてたの」と。彼女の生活を営む力は、父母の愛情が薄かった経緯もあり、不可抗力でつくられたものだった。自分から望んで料理の腕を上げたわけではなく、上げざるをえなかったのだ、と彼女は述べる。そんな緑に対し、ワタナベ君は休む場を与える。父の介護の時間を少し代わってあげたり、一緒にくだらないことを喋ったりする。緑にとってケア労働は、主体的にやっているように見せて、「させられる」形の労働だったのである。

『タッチ』や『ノルウェイの森』を読むと、彼女たちのケア描写と、男性を翻弄する自由で自立した姿勢は、むしろセットなのではないか？　と思えてくる。母性と自由奔放さが裏表に存在するように見えるのだ。

つまり、戦う男性をケアしつつも、男性を翻弄するくらいには自由なヒロイン――そんな昭和のヒロインに望まれる両面の姿が見えてくる。

「男性主人公の世話をする」描写と「男性主人公を翻弄する」描写が離れられなかった。私はそこにふたつの物語が描かれた80年代という時代の、女性への要請を見出さずにはいられないのだ。

『逃げ恥』とケアの賃金問題

「ケア」の関係性の特徴として、一方的なサポートであることが挙げられる。

母性というと分かりやすいが、ケア関係にあるのは、何かしらの見返りを交換する対等な関係ではない。育児や介護という分野を考えてもらえば、それが一方的なものであることが分かる。そう考えると、それ以外の分野でもさまざまに「ケア」は存在するのではないだろうか。

たとえばドラマ化もされ話題になった少女漫画『逃げるは恥だが役に立つ』[5]は、「無償のケア」についての物語でもあった。

主人公のみくりは、大学院を出たあとの就職活動がうまくいかず、派遣として働いていたが、その契約も切られてしまう。稼ぎに困ったみくりは、親から紹介された男性・平匡《ひらまさ》の家の家事代行の仕事をすることになる。そしてみくりの両親の引っ越しをきっかけに、ふたりは契約結婚をする。表向きは婚姻関係だが、本当はみくりが平匡の家で家事労働をする代わりに賃金をもらうという契約だ。

しかし物語の後半、ふたりが本当に恋人関係になったところから、平匡の様子が変わってくる。籍を入れて、普通の夫婦のようになろう、と彼は言う。いままで「平匡という雇用主から賃金をもらえる労働」だった家事が、結婚すると、無償労働になってしまう。みくりはその事実にもやもやする。そして平匡のプロポーズに対し、少し考えさせてくれと言うのだった。

家事というケア労働は、ふたりのもとでどう解決されるのか？『逃げるは恥だが役に立つ』は、ケアと自立と愛情の狭間で揺れる物語なのである。

対等な愛情を交換し合う恋愛関係と、一方的に家事をしてケアする存在になることは、必ずしもイコールで結びつけるものではない。みくりは少女漫画というフォーマットにおいて、読者にそう突きつける。

自己犠牲にならないケアのあり方。それが、現代の女性たちの大きなテーマになっていることが、『逃げるは恥だが役に立つ』を読むと伝わってくる。

物語の結末としては、みくりと平匡はそれぞれ仕事を持ち、お互いに家事をやってサポートし合うという関係に収まる。結局、みくりが無償でケアする存在を脱するためには、みくりの経済的自立が不可欠だった。

たしかに二人とも働けて、対等に稼ぎ、家事を分担できて、という状態になれたら

5 海野つなみ『逃げるは恥だが役に立つ』2012年〜2017年、講談社。テレビドラマは2016年10月〜12月に、新垣結衣と星野源の主演でTBSテレビ系にて放送された。ちなみに漫画の続編は2019年〜2020年に連載され、テレビドラマでも2021年初春にスペシャル版が放送。漫画の続編、面白かったのでもっと続きが読みたかった。でも海野先生のほかの作品も大好きなので、新作も楽しみにしている。

それでいい。しかし一方で、そのあり方が今日本で生きるすべてのカップルにとって可能かと聞かれたら、難しいと言わざるをえない。

「自己犠牲にならないケア」を探す女性の物語を見てゆくと、『逃げるは恥だが役に立つ』のように、自分も仕事を持ってパートナーとケアを分担することに着地する物語が存在する。

だが逆に、ケアに主体性を見出す方向性の物語も存在する。

たとえば朝の連続テレビ小説『ごちそうさん』[6]は、「主婦」を主人公に据えていた。朝ドラといえば、仕事を通して女性主人公の自立と活躍を描くことが多い。時代や周囲の反対に負けず、どうにか仕事を見つけ、家庭も持ちつつ、女性だけど頑張った、というストーリーが最近の主流になっている。近年だと『スカーレット』や『なつぞら』がその系譜にあたるだろう。

しかし一方で、パートナーを支えた専業主婦の主人公が活躍する物語もある。たとえばここ10年では『ゲゲゲの女房』や『まんぷく』、そして『ごちそうさん』がその系譜にあたる。なかでも2013年下半期に放映された『ごちそうさん』では、「食べることが好き」という主人公・め以子（女優の杏が演じた）が「食べさせることが好き」な母になる過程を描いていた。

と、簡単にあらすじを書いてしまうと、夫のことを献身的に支えて料理をつくる妻という図を浮かべてしまいそうになる。しかしめ以子は「家族が休む場をつくる」ことが自分の主戦場である、という思想を持つヒロインだった。それは戦時中の描写などを見ても顕著である。

つまり『ごちそうさん』は家族のケアをする場が自分にとっては主体性を発揮できる場だ、とヒロインが発見する物語なのである。

たしかに世間や物語において、女性にケアを強制する力が背後にあることは忘れてはならない。経済的自立ができて、ケアをパートナーと分担できることは、その解決策のひとつではある。

ではケアを全員で分担することが可能なのかと言われると、たとえばお互いの仕事

6『ごちそうさん』２０１３年９月〜２０１４年３月、ＮＨＫ

の都合や体調などさまざまな事情から、パートナーのどちらかだけが家族のケアにまわらなければいけない状況は存在する。

そのとき、「経済的価値を生み出さないケアをすることは無価値だ」とするのか、「たとえ経済的価値は生み出さなくとも、ケアは必要な行為だし、それをどう扱っていくか考える」方向に向かうのかは、議論の必要がある。

生きていくのにお金が必要になる限り、お金を稼いでいる側が支配側にまわってしまう構造は変えられない。だからこそ、ケアをめぐる物語は慎重に扱わなくてはいけない。しかしケアする側にまわることがよくないことだと一方的に決めつけることもまた、生活におけるケアの必要性を軽視していると言わざるをえない。

『タッチ』も『ノルウェイの森』も『ごちそうさん』も、一見同じ「異性を料理や言動で支えるヒロイン」が登場する物語だ。しかしそこには「休む場をつくること」が女性にとって主体的な作業として捉えられるようになった推移が見える。さらに『逃げるは恥だが役に立つ』では、「休む場をつくること」が無償であることに疑問を投げかけた。今後、『カードキャプターさくら』のように同性を支えるヒロインも増えていくと予想することもできる。

いつだって私たちは休まないと、戦えない。時代の推移とともに「ケア」のあり方も、変わっていく。

「推し」はケアなのか？――『推し、燃ゆ』と自分へのケア

最後に、ケアするヒロインのなかで、一風変わった主人公を紹介したい。

宇佐見りんによる小説『推し、燃ゆ』[7]のあかりである。

あらすじを軽く説明すると、主人公あかりの応援しているアイドルが、ファンを殴ったらしい。そのスキャンダルによって、ネットは大炎上。あかりはショックを受けつつも、彼を応援することを続ける。

[7] 宇佐見りん『推し、燃ゆ』2020年、河出書房新社。2020年下半期の芥川賞を受賞。

『推し、燃ゆ』という小説はあかりの「推し」をめぐる物語なのだが、彼女は高校生ながら勉強や部活やバイトをこなすことに苦手意識を感じており、その反動で「推し」に自分のアイデンティティを託している。

あたしには、みんなが難なくこなせる何気ない生活もままならなくて、その皺《しわ》寄《よ》せにぐちゃぐちゃ苦しんでばかりいる。だけど推しを推すことがあたしの生活の中心で絶対で、それだけは何をおいても明確だった。中心っていうか、背骨かな。
勉強や部活やバイト、そのお金で友達と映画観たりご飯行ったり洋服買ってみたり、普通はそうやって人生を彩り、肉付けることで、より豊かになっていくのだろう。あたしは逆行していた。何かしらの苦行、みたいに自分自身が背骨に集約されていく。余計なものが削ぎ落とされて、背骨だけになってく。

（『推し、燃ゆ』）

「自分自身が背骨に集約されていく」、つまりは自分のアイデンティティが、どんどん推しを推すことだけになる。その様子を『推し、燃ゆ』は描く。物語のなかでは、アイドルへの応援に熱が入る一方で、あかりが高校を中退したり、就活がうまくいかなかったり、バイトも行けなくなる様子が綴られている。

一見、単なるアイドルオタクの女の子の日常物語に見える。しかし面白いのが、本書があかりにとって「他者の存在しない生きづらさ」を描いているところである。

これまでも、女子高生の生きづらさを綴った小説は多数存在した。たとえば『推し、燃ゆ』と同じ芥川賞を受賞した綿矢りさの『蹴りたい背中』はその代表作だろう。なかなかクラスの友人にも馴染めず、唯一クラスの男子と仲良くなる物語。しかし『蹴りたい背中』の主人公は孤独を感じつつ、たった一人だが他者と交流する様子が描かれていた。むしろ主人公のハツと、同級生のにな川は、お互いの生きづらさを知ることで、徐々にふたりの距離を近づけていったのだ。生きづらいハツは、ちゃんとにな川という他者と出会っていた。

一方『推し、燃ゆ』のあかりは、最後まで誰とも出会わない。たとえば家族やバイトの雇用主やアイドルオタクの友達など、あかりと関係する人はたくさんいる。しかし彼女の世界には、その誰も意味ある他人として存在しない。そして彼女をケアする存在は、物語が進むにつれ、どんどんいなくなっていく。

『推し、燃ゆ』は、他者のいない、つまりケアが存在しない世界を描いているのだ。

「進学も就職もしないならお金は出せない。期限決めてやろう」

父は理路整然と、解決に向かってしゃべる。明快に、冷静に、様々なことを難なくこなせる人特有のほほえみさえ浮かべて、しゃべる。父や、他の大人たちが言うことは、すべてわかり切っていることで、あたしがすでに何度も自分に問いかけたことだった。

「働かない人は生きていけないんだよ。野生動物と同じで、餌をとらなきゃ死ぬんだから」

「なら、死ぬ」

「ううん、ううん、今そんな話はしていない」

宥《なだ》めながら遮るのが癇に障った。何もわかっていない。推しが苦しんでいるのはこのつらさなのかもしれないと思った。誰にもわかってもらえない。

（『推し、燃ゆ』）

ケアが存在しない世界と言い切ると、あかりの家族に怒られるかもしれない。あかりの両親や姉は、彼女の進路を心配し、世話をする。あるいはバイト先の雇用主も、あかりを気にかけ、声をかけてくれる。しかしあかりにはその言葉が届かない。自分のことを分かってくれる、自分にとって意味がある、と思える他者はいない。あかりは、現実を誰からもケアされない世界だと感じている。

さらにあかりは、自分自身に対してもケアをおこなわない。彼女は高校を中退しひとり暮らしをするようになるのだが、彼女は生活を営むことが苦手だという描写が随所に綴られる。自分自身へのケアがそもそも苦手なキャラクターなのである。そしてどんどん家族や他人との関わりが切断されていく様が描かれる。

その反動で、彼女は「推し」のケアに身を傾ける。彼のグッズを集めたり、ライブを観に行ったりするのは、応援活動の一環だ。しかし一方で、あかりが熱中するライブの感想をブログに綴る行為は、応援というよりももっと自分が一方的に彼のためになることをしたい、というケアに近しい欲望なのではないかと見えてくる。

「推し」がアイドル活動をやめるという旨を発表した後も、彼女は「とにかくあたしは身を削って注ぎ込むしかない」と覚悟する。「推すことはあたしの生きる手立てだった。業だった。最後のライブは今あたしが持つすべてをささげようと決めた」という台詞《せりふ》からも、いかに自分の存在を彼のために使えるか、という点を重視していることが分かる。

一方的に、見返りを求めず、他者に献身すること。それは家族の間でおこなわれていれば、今まではケアと呼ばれる行為だった。

家族でなくとも、グッズやライブチケットを買い漁《あさ》ったり発言を追いかけたりすることで、彼のためになることをしたい、そして彼が成功するところをまるで自分の一部のように感じたい、というあかりの欲望は、ある種いままで母性と私たちが呼んでいたものに近いのではないだろうか。

『推し、燃ゆ』における「推し」とは何か。それは女性キャラクターたちの中に長らく伏流していた「母性」がその正体ではないだろうか。そう考えてみると、あかりは、彼女自身を他人からも自分からもケアされないかわりに、アイドルという見えない他人をひたすらケアしようとしているように見える。

そして「推し」が引退した後、あかりは祖母の葬式を思い出す。

ふと、祖母を火葬したときのことを思い出した。人が燃える。肉が燃えて、骨になる。祖母が母を日本に引き留めたとき、母は何度も祖母に、あなたの自業自得でしょう、と言った。母は散々、祖母にうちの子じゃないと言われて育ってきたらしい。今さら娘を引き留めるなんて、と泣いた。自業自得。自分の行いが自分に返ること。肉を削り骨になる、推しを推すことはあたしの業であるはずだった。一生涯かけて推したかった。それでもあたしは、死んでからのあたしは、あたし自身の骨を自分でひろうことはできないのだ。

（『推し、燃ゆ』）

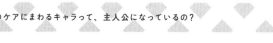

「自業自得」という言葉を使うあかりは、自分の業を、自分で回収したい、と嘆く。しかし彼女は「あたしは、あたし自身の骨を自分でひろうことはできない」ということも分かっている。

骨を拾うことは、ある種、究極のケアではないだろうか。つまり、自分が死んだあと、自分の世話をしてもらうということだ。それは自分ではできない。自分が死んだとしても、その世話をするのは、他人でしかありえない。いつまでも他者不在の世界ではいられないのだと、あかり自身は知っている。

それでもあかりは、「推しを推すこと」以外の要素を自分のなかに入れたくないと言う。一生涯かけて、すべてを推しのために使いたかった、と。

肉体をなくしたい、肉体がじゃまだとあかりは願う。それはなぜなら自分という肉体は必ず誰かのケアを必要とするものだからだ。

あたしはいつだって推しの影が重なっていて、二人分の体温や呼吸や衝動を感じていたのだと思った。影を犬に噛みちぎられて泣いていた十二歳の少年が浮かんだ。ずっと、生まれたときから今までずっと、自分の肉が重たくてうっとうしかった。いま、肉の戦慄《わなな》きにしたがって、あたしはあたしを壊そうと思った。

（『推し、燃ゆ』）

自分の肉がうっとうしいのは、それは自分が望んでいないのに、絶対にケアを必要とするものだからだ。生きていれば、たとえば食べたり睡眠をとったりそのために働いたり勉強したりすることが避けられない。生活が必要になる。

しかしあかりは、自分へのケアを拒否する。だから肉体を壊したくなる。自分へのケアを拒否し、「推し」という、概念的な手の届かない存在へのケアに没頭する。

そして「推し」が引退するとき、あかりははじめて自分へのケアに目を向ける。「推し」は世界から消えた。物語は、彼女が綿棒をひろう場面で終わるのだ。

綿棒をひろった。膝をつき、頭を垂れて、お骨をひろうみたいに丁寧に、自分が床に散らした綿棒をひろった。綿棒をひろい終えても白く黴《かび》の生えたおにぎりをひろう必要があったし、空のコーラのペットボトルをひろう必要があったけど、その先に長い長い道のりが見える。

這いつくばりながら、これがあたしの生きる姿勢だと思う。

二足歩行は向いてなかったみたいだし、当分はこれで生きようと思った。体は重かった。綿棒をひろった。

（『推し、燃ゆ』）


これは彼女がはじめて、自分のケアをした瞬間ではないだろうか。骨を拾うみたいに、自分のまいた綿棒を拾う。そしてその先に、自分の食べたものの欠片《かけら》を拾う。

生活はごみを捨てるところから始まる……と言えば言いすぎかもしれないが、自分の身体は自分で世話することが必要だということを受け入れ、あかりはなんとか生活を、自分へのケアを始めるのだ。

他者は不在なままでも、自分で自分をケアしようとするところで物語は終わる。それは「推し」という自分以外に目を向けてケアすべき対象がいなくなったからこそ可能になったのかもしれないし、もしかしたら大人になるということが、そもそも自分で自分をケアできるようになることなのかもしれない。

『推し、燃ゆ』は、ケア不在の世界から、まずは自分の肉体のケアをする地点に至る物語と解釈できるのだ。

避けられないケアの物語

生きている限り、生活の作業は避けられない。食べるものを決めたり、掃除をしたり、風呂に水をためたりしてはじめて、生きることができる。長らく日本でその作業を担ってきたのは専業主婦の女性たちだったが、その役割がいろいろな人によって担われている今、ケアの問題が物語の女性キャラクターに登場するのは必然だろう。

とくにインターネットをはじめとしてテキストだけでコミュニケーションするよう

になると、ひとり暮らしであればもはや頭の中だけで生活抜きで生きられないだろうかと考え始めるのもよく分かる。『推し、燃ゆ』は、そんな時代の生きづらさを描いた物語だった。

しかしそれでも私たちは生活して、自分で自分をケアし、そして誰かにケアしてもらいながらでないと、生きられない。本章では取り上げられなかったが、病院や介護、調理や育児のあり方もまた「ケア」という文脈で、どう扱われていくのか変化もあることだろう。また時代が変わるとともに、女性だけでなく男性キャラクターにも同じような話が派生するのかもしれない。

休まないと、生きていけない。生活しないと、生き延びられない。当たり前みたいに思えるけれど、それが物語の世界に組み込まれるのは、当たり前ではないのだ。

なんで姉妹キャラクターは姉が落ち着いてて妹が元気なことが多いの

——姉妹ヒロインの比喩

Contents & Girls

『となりのトトロ』
→サツキ・メイ

『アナと雪の女王』
→エルサ・アナ

『分別と多感』
→エリナー・マリアン

『昏き目の暗殺者』
→アイリス・ローラ

サツキとメイはなぜ姉妹なのか

日本でいちばん有名な「姉妹」。と聞けば、一体だれが挙がるだろう？ ちびまるこちゃんの姉妹、メロンパンナとロールパンナちゃん。あとは、『となりのトトロ』[1]のサツキとメイ。

みんなどこか「姉がおとなしく、妹が元気」というテンプレートに沿ったキャラクターだ。

しかし『となりのトトロ』。この物語、実は初期の構想段階においては、主人公は姉妹ではなくひとりの少女（メイ）のみだったらしい[2]。

ではなぜ主人公は姉妹に分けられたのだろう。もちろん一番大きな理由は「話の展

1『となりのトトロ』1988年、東宝 2 木原浩勝『ふたりのトトロ──宮崎駿と『となりのトトロ』の時代──』2018年、講談社

開を膨らませるため」だろう。しかしもっと大きな、何か物語上の要請があるのではないか。一度そう考えてみてもいいのではないだろうか。

『となりのトトロ』の主人公は、なぜ姉妹なのだろう？

サツキは、母代わりとして振る舞う姉だ。家族のお弁当をつくり、妹の世話をするキャラクター。母は入院しており、父は仕事が忙しい。そんな家庭で母親代わりをするのがサツキである。

しかし物語の終盤、突然メイがいなくなる。みんなで探すが、見つからない。サツキももちろんメイを探すが、見つからない。そしてトトロに泣きつくのだ。まるで、トトロが母の代わりみたいに。

結局、トトロがいっしょに探してくれて、メイはちゃんと見つかる。しかしこのエピソードのなかで印象的なのはトトロの存在だ。

それまでのサツキは、まるで母のように振る舞っていた。しかしメイがいなくなったとき、サツキはトトロに泣きつく。この場面、どこかでサツキが「自分はメイを守り続ける母の代わりであり続けることはできない」と泣いているように見える。そしてだからこそトトロの出番が訪れる。サツキとメイ、ふたりの母親代わりとして。

なんて考えてみると、ひとつの仮説にぶつかる。サツキは、トトロを主人公たちの母の代わりとして存在させるために、登場したのではないか。つまりサツキが「私の代わりにお母さん役をして！」とトトロにせがむ場面をつくるために、主人公は「姉妹」になったのではないだろうか？

もちろんこれがサツキを登場させた理由のすべてだったとは思わない。しかし『となりのトトロ』が、入院しているお母さん↓サツキ↓トトロという母親バトンタッチの物語であることは確かだ。サツキとメイはたしかに姉妹でありながら母娘の関係をやろうとしていて、それが無理！　と投げ出されたときにトトロはやってくる。トトロは物語において母親役を担う。それを分かりやすくするために、ヒロインが姉妹になったのではないか。

さて『となりのトトロ』の姉妹を考えてきたが、こんなふうに見ると、物語のなかの「姉妹」ヒロインにはとある法則がある。

物語における「姉妹」は、時に「母娘」のメタファーとして存在する、ということだ。

『アナと雪の女王』は母娘の物語？

物語において、姉は母の真似をして妹の世話をする。——たとえば昔ながらの姉妹文学、オルコットの『若草物語』を読めばそれは一目瞭然だ。四姉妹の話でありながら、長女のメグはまるで母のように振る舞う。あるいは谷崎潤一郎の『細雪』もそうだろう。四姉妹の長女はどこか母親代わりの存在になる。

しかしこう言うと、怪訝《けげん》な顔をされるかもしれない。「え、姉妹は姉妹でしょう？母娘を描きたかったらそのまま母娘を描けばよくない？」と。

だが一歩踏み込んで、ディズニーが姉妹を描いた映画『アナと雪の女王』[3]を考えてみたい。

最初は仲良しだった、アナとエルサの姉妹。しかし姉のエルサは、自分の力が人を傷つけてしまうことを知り山奥へこもる、というのが序盤のあらすじだった。

エルサが山にこもる原因が何かといえば、妹のアナが早々に結婚を決めたことに「早すぎる」と反対し、アナが反発したことだった。

そもそも、エルサが暴走するきっかけが「妹の結婚への反対」なのは、エピソードとして弱すぎるように見える。たとえば自分が傷つけられた末の反発……といったエピソードでもいいはずだ。しかし私はディズニーがあえてこのエピソードを持ってきたのだと考えたい。エルサはアナの結婚に反対するとき、「あなたのためを思って言っているのに」とでも言いそうな雰囲気を醸し出す。「あなたのためを思って」。そう、母親キャラクターの常套句《じょうとうく》だ。

エルサ暴走の契機が「妹の結婚への反対」だったのは、アナとエルサの関係が「母娘」だったからではないか。

まるで娘の結婚に反対し、暴走する母親のようにエルサを描いた。ディズニーは、

3『アナと雪の女王』2013年、アメリカ

わざと古今東西の物語で出てきた「娘を支配する母親」のモチーフを踏襲しているように見える。

19世紀イギリスの古典的な「姉妹」像

そう考えると、古典的な小説で描かれてきた「姉妹」ヒロインも、別の見方ができる。

たとえばオースティンの『分別と多感』[4]。理性と自制心を持って行動する「分別」のある姉エリナーと、情熱や感情を重んじるタイプの「多感」な妹マリアンが主人公だ。

マリアンが若く未熟な発言をするのに対し、エリナーは配慮ある助言を与える。それはまるで姉というよりも、娘を心配する母親のような姿でもある。

物語の後半、マリアンの闘病も描かれる。ここでもやはりエリナーがマリアンの保護者であるかのような描写が登場するのだ。もちろん美しい姉妹愛の場面にも見える。しかし姉妹愛の描写は、どこかで母娘のパターンを踏襲してしまうらしい。

物語で姉妹を描くとき、私たちはつい、母娘の関係を重ねてしまう。冒頭に挙げたキャラクターたちを例に出すまでもなく、「落ち着いた姉と元気な妹」がテンプレートとして存在するのもそのためだろう。

だからこそ『アナと雪の女王』のように、しばしば姉妹は意図的に「母娘」のメタファーとして描かれる。これは、私たちがどこかで姉妹キャラクターに母娘的な関係を見出しているからこそ、有効になる描き方なのだ。

さらにもう一つ共通点を挙げるなら、今回例に挙げた『となりのトトロ』や『アナと雪の女王』は、実際の母親キャラクターがほぼ不在、物語の重要シーンには登場しない。だからこそ姉が母代わりのキャラクターになり得る。が、これは偶然だろうか？

4 ジェイン・オースティン『分別と多感』1811年、イギリス作者が「姉妹」を描く際に「母娘」のパターンの踏襲になってしまうからこそ、同じ役割を果たす実際の「母」は不在になる。そんな力学が働いているように見えるのだ。姉に母ムーブをさせたばかりに、本当の母とキャラかぶりを起こしてしまうのだろう。

母を脱却しようとする姉

最後に、「姉が母の立場を脱却しようとした物語」について考えてみよう。マーガレット・アトウッドの『昏《くら》き目の暗殺者』[5]。20世紀を代表する「姉妹文学」である。例に漏れず理性的な姉と無邪気な妹が主人公だ。作中、姉アイリスが自身の結婚式に向かう場面がある。お世辞にも愛のある結婚とは言えない関係。それを知っている妹ローラは、姉を「そんな結婚しなくていいじゃない」となじる。「キスだけじゃすまないのよ」と。まるで母の性的な面を見ることを嫌がる娘のように。

おそらく古典的な姉妹の物語——たとえば『分別と多感』や『となりのトトロ』——であれば、妹をたしなめる姉を描いただけで終えただろう。しかし『昏き目の暗殺者』はこう綴る。

ひっぱたいてやってもよかった。しかし、もちろん、そう思ってひそかに自分を慰めただけだった。

（『昏き目の暗殺者』）

この一文をはじめて読んだとき、私はページをめくる手が止まった。この一文の、限界と、超えたかったものに、思いを馳せてしまったからだ。

5 引用はマーガレット・アトウッド著、鴻巣友季子訳『昏き目の暗殺者』（2019年、ハヤカワepi文庫版）より。初出は2000年。2000年のブッカー賞を受賞。本稿には関係ないけど私はアトウッドのなかだと『またの名をグレイス』がいちばん好きです。

無邪気な妹を守ったり、世話したりする母親役としての姉――からの脱却をしようとする姿。しかし実際に「ひっぱたく」まではできない姉の姿。

ここで、おそらく「ひっぱたく」ことを行使し、自己嫌悪に陥ったのが『アナと雪の女王』のエルサだったのだろう。

それでも、ひっぱたいてもよかった、と吐露し、しかし自分を慰めるにとどめた主人公の姿に、私は胸が痛くなってしまった。

私たちは物語の中で「姉妹」を見る時、さらっと「母と娘」のような、世話をし、世話をされる関係を求めがちである。

しかし、それは古典的な要請にすぎない。姉妹は、その先にある、姉妹の関係性を見出されてもいいのではないか。

今後は、姉妹だからといって安易なキャラクター類型に収めず、たとえば女友達のような姉妹の関係性、あるいは姉妹の中でしか描けない葛藤や対立、そして理解し合う姿が見られることを期待したいものだなと一読者として、考えてしまう。あなたはどのような姉妹文学が見たいだろうか。

今も シンデレラストーリーって 物語で 描かれているの

——働くヒロイン

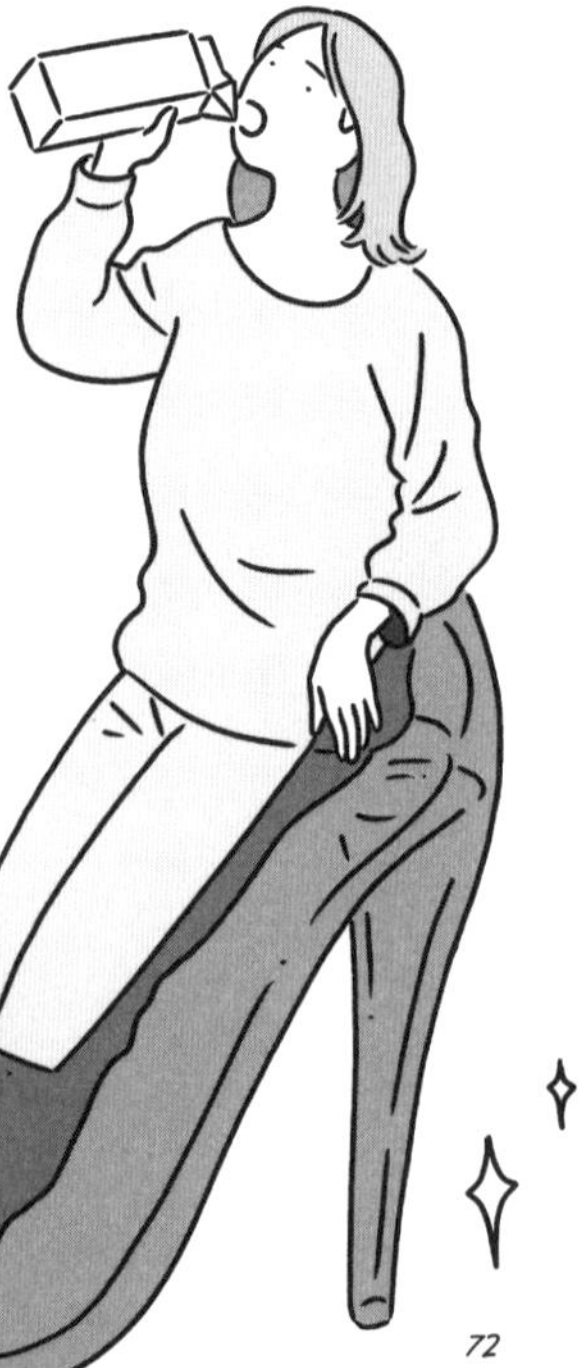

Contents & Girls

『シンデレラ』
→シンデレラ

『あしながおじさん』
→ジュディ

『魔女の宅急便』
→キキ

『ブルックリン』
→エイリシュ

『映像研には手を出すな!』
→金森さやか

「働くヒロイン」の謎を解く

21世紀、社会で働く女性が増えた。同時に、物語のなかでも「働くヒロイン」はさまざまな形で登場する。

たとえば『プラダを着た悪魔』（2006）[1]や『キューティ・ブロンド』（2001）[2]を挙げるまでもなく、ハリウッド映画にも働く女性の自己実現ストーリーはそこらじゅうに転がっている。「働く女性モノ」と名付けてもいいかもしれない。

最近では、『ズートピア』（2016）[3]のような、動物が主人公のディズニー映画であっても、ヒロインは働いている。さらに日本でも映画『若おかみは小学生！』（2018）[4]という、まだ小さい子どもが働く物語がヒットしていたりする。単に「働くヒ

1『プラダを着た悪魔』2006年、アメリカ 2『キューティ・ブロンド』2001年、アメリカ 3『ズートピア』2016年、アメリカ。それにしてもディズニーの変わり身の速さよ。褒めてます。

ロイン」を描いた物語なら枚挙に暇《いとま》がない。というか特段取り立てて扱うべきでもないほど、普通のことだ。

しかし現実では、女性が社会で働くことに何の障害もないのかといわれれば、そんなこともない。

日本でも男女の平均賃金は異なっているし、女性の会社員のなかでも非正規と正規という雇用形態の違いが存在する。このような状態を、物語の働くヒロインたちは、どのように表象しているのだろうか。本章では、「働くヒロイン」に注目してみたい。

「労働」の二側面――シンデレラとあしながおじさん

働くヒロイン。と聞けば、思いつくのはNYのど真ん中で、ハイヒールの踵《かかと》の音を鳴らしつつ、スカートで闊歩《かっぽ》する女性！　かもしれない。思わず「！」をつけたくなるような緊張感のある女性キャラクター。もはや死語かもしれないが、「キャリアウーマン」と評されるような女性。「バリキャリ」という単語のほうが適切かもしれない。

しかし働くヒロインだからといってバリキャリとは限らない。実は働くヒロインほど、時代の影響を受けるキャラクターはいないのだ。

たとえば、あなたの元祖「働くヒロイン」は誰だろうか。朝ドラでいえば『おしん』[5]？　児童小説だと『小公女』[6]や『マッチ売りの少女』[7]？

時代を反映するヒロイン像を描くディズニー・プリンセスのなかで考えてみると、実は「シンデレラ」ではないだろうか。

いわゆる古典的なディズニー・プリンセスの中で、「労働する場面」から入るのは彼女だけだ。『シンデレラ』[8]のヒロインは、金銭を受け取って稼いでいるわけではな

4『若おかみは小学生！』2018年、ギャガ。原作小説は令丈ヒロ子『若おかみは小学生！』2003年～2013年、講談社。みんな大好き青い鳥文庫。5『おしん』1983年4月～1984年3月、NHK　6フランシス・ホジソン・バーネット『小公女』1905年、アメリカ　7デンマークの童話作家、ハンス・クリスチャン・アンデルセンの創作童話のひとつ。

いが、間違いなく家事労働をさせられている。シンデレラは家事労働によって家にいることを許されていた。考えてみると、専業主婦的なキャラクターでもあり、一方で住み込みの家政婦のようなキャラクターでもある。

しかし『シンデレラ』が「働くヒロイン」の話だ、というと違和感を持つ人もいるかもしれない。これはなぜかといえば『シンデレラ』の物語そのものが「働くことから脱出する」物語だからだ。それがシンデレラストーリーという言葉の意味ですらある。

彼女は働かざるをえなかった少女時代から、王子様に見出され、働かなくていいお姫様という身分になる。シンデレラは「恋愛によって労働しなくていい身分になる」ヒロインなのだ。

現在シンデレラストーリーというと、「突然、普通の女の子が可能性を見出されてチャンスをつかむ」といった意味で使われることが多い。たとえば芸能界で突然大人気になることをたまに「シンデレラストーリー」なんて表現したりする。それはどちらかというと、より働く機会をもらうことを指す。しかしそもそものシンデレラは、

「働かなくていい身分」になることがゴールだった。

それがハッピーエンドとされるのは、シンデレラにとって家事労働が苦役だったからだ。お金ももらえず、自分の時間を家族のために使う労働。彼女は王子様と恋愛することでそこから抜け出すことができた。

恋愛によって労働を脱出するヒロイン。それが長らく女性の憧れとされるヒロインだったのだ。


しかし『シンデレラ』の映画公開と同じく20世紀初めのアメリカでは、まったく違うパターンの「働くヒロイン」の物語も登場する。ウェブスターの『あしながおじさん』だ。

一見『あしながおじさん』も、『シンデレラ』と同じようなストーリーに見える。

8 『シンデレラ』1950年、アメリカ。2021年にAmazon Prime Videoで現代風に翻案された実写映画が配信された。

孤児院で身よりなく過ごしていた少女が、おじさんに見出されて、突然、階級を上る話。

しかし『あしながおじさん』の場合は、階級を上った先に「労働（＝作家になるという夢）」が存在する。

作家になることが夢だった主人公ジュディは、学校へ通う資金を出してくれるあしながおじさんに、こんな手紙を出す。

「七月二十四日

愛するおじ様

働くってなんて愉快なんでしょう――それともおじ様は働くなんていうことをなすったことがおありにならないのでしょうか？　ことに自分が何よりもいちばんしたいと思う種類の仕事の場合はなおさら楽しいものです。この夏私は自分のペンの及ぶかぎりの速力で書いています。人生に対する唯一の不満は一日の長さが、自分の頭に浮かぶ美しい貴重な楽しい思想を全部書いてしまうのにたりないことです」

（『あしながおじさん』）[9]

物語の終盤、ジュディは自分のやりたかった作家仕事のチャンスをもらう。あしながおじさんに援助してもらった先にあるのは、自己実現としての労働だった。

もちろん作家という仕事は、いわゆる肉体労働やケア労働とされる仕事ではない。しかし自分のしたいことをして、お金をもらう循環を手に入れたことを喜ぶ働くヒロインは、20世紀の初めにすでに登場していたのだ。

そもそもジュディがあしながおじさんに資金援助してもらうきっかけも、彼女の文才だったのだ。容姿や女性らしさではなく、文才によって援助の機会をもらうジュディのあり方は、「働くヒロイン」のまさしくシンデレラストーリーと言えるかもしれない。私は『あしながおじさん』という物語の魅力のひとつは、この女性の労働への

9 ウェブスター著、松本恵子訳『あしながおじさん』1954年、新潮文庫

いきいきとしたまなざしにあると思っている。

しかし『シンデレラ』と『あしながおじさん』を見ると、ヒロインが王子様に与えられて喜ぶものとして、一方が「労働から脱出する方法」であり、一方が「自分のしたい労働を手に入れる方法」であるのは示唆的だ。おそらく現実を生きる私たちにとって、それはすっぱりと分けられるものではないのだ。女性にとって「生活のための労働」も「自己実現のための労働」もどちらも必要だった。その境目はグラデーションでありながら、だからこそフィクションの「働くヒロイン」にはこの両面が描かれるのだろう。

女性の労働の意味。それが、生活費の担保になるか、自己実現になるか。働くヒロインの物語は、この二側面をどちらも描いているのだ。

働くヒロインの格差
――『魔女の宅急便』と『ブルックリン』

いつか脱出したいものとして労働を捉えるシンデレラ型働くヒロインと、自分の才能を発揮する場として労働を捉えるジュディ型働くヒロイン。ここでひとつの解釈を紹介したい。英文学者の三浦玲一はジュディ型ヒロインの労働を「アイデンティティの労働」と呼ぶ。

そこに「生産」はなく、われわれ自身のなかに内在するクリエイティヴィティの実現こそが「富」を産むのである。それは、自己実現こそが富になるというユートピア願望の表明である。

（『村上春樹とポストモダン・ジャパン：グローバル化の文化と文学』）10

三浦は、他の論文においても、ＡＫＢ48のアイドルや『タイタニック』のローズを、アイデンティティ労働の一例として挙げる[11]。ジュディの「作家」という職業は顕著だが、三浦が挙げるようなアイドルの労働、あるいは最近であればＳＮＳを使って自分を売るような労働も、アイデンティティを自分の資産として使う働き方だ。

労働が自分のアイデンティティとなり、そしてそのステージが上がることによって、さらに自己実現が可能になる。『あしながおじさん』を持ち出すまでもなくそのような構造が存在する。ＡＫＢ48のようなアイドルたちが、グループ内の序列の上位に入ることを喜んだり、さまざまな歌番組に出られることを喜ぶことは、三浦が指摘するかたちの労働の一例だろう。

今挙げた、女性にとって「労働が自己実現になる」という思想は、ポストフェミニズム的価値観につながっていると三浦は指摘する。

ここでいうポストフェミニズムとは、「もはやジェンダー間の平等は達成され、フェミニズム的政治運動はいらない」と考える思想のことだ。

ポストフェミニズムの特徴は、日本で言えば一九八六年の男女雇用機会均等法以降の文化だという点にある。それは、先鋭的にまた政治的に、社会制度の改革を求めた、集団的な社会・政治運動としての第二波フェミニズム、もしくは、ウーマン・リブの運動を批判・軽蔑しながら、社会的な連帯による政治活動という枠組みを捨て、個人が個別に市場化された文化に参入することで「女としての私」の目標は達成できると主張する。このようなポストフェミニズムの誕生は、同時代のリベラリズムの変容・改革とかなりはっきりとつながっている。

（「ポストフェミニズムと第三波フェミニズムの可能性：『プリキュア』、『タイタニック』、ＡＫＢ48」『ジェンダーと「自由」理論、リベラリズム、クィア』）[11]

社会で競争して勝って自分の居場所を手に入れられたら、なりたかった自分になれ

10 三浦玲一『村上春樹とポストモダン・ジャパン：グローバル化の文化と文学』（2014、彩流社） 11 三浦玲一・早坂静 編著『ジェンダーと「自由」理論、リベラリズム、クィア』（2013年、彩流社）所収

る。そんな物語は、たしかに魅力的だ。少なくとも、王子様に見初められたらなりたい自分になれるのだと説かれるよりは、自分の裁量による割合が大きいぶん、自己効力感も大きい。なにも悪いことがないように見えるかもしれない。あしながおじさん万歳だ。

しかし英文学者の河野真太郎はこういったポストフェミニズムの状況は、女性キャラクターの分断を引き起こすのだと述べる[12]。

たとえば大ヒットしたディズニー映画『アナと雪の女王』。河野はエルサとアナが対比され得ると述べる。男性に依存せず自分の力を発揮して生きる（エリートでフェミニストである女性が表象された）エルサと、男性に一目惚れするがあっさりと騙《だま》され周囲に迷惑をかける（いわゆるシンデレラ願望の強い）アナ。そしてこのふたりの女性キャラクターは、まさしく現実を生きる私たちの分断にもつながるのだと河野は主張する。

だとすれば、シンデレラと『あしながおじさん』のジュディは、まさにここの分断にあたるのかもしれない。もちろんシンデレラのイメージに「負け組」という言葉は似合わない。そもそも『アナ雪』のアナも、「負け組」と表現することに疑問は残る。

なのでここでは河野の述べる勝ち組負け組という語彙を使用することは避けるが、それでも「働くヒロイン」のキャラクターが分断されていることは確かだ。

現代では女性のなかの分断――つまり「専門職中産階級」の女性と、「非正規・低賃金労働者」の女性の格差が広まっている[13]。たとえば『アナ雪』公開とほぼ同時期に連載されていた漫画『逃げるは恥だが役に立つ』で、主人公のみくりが派遣業だったのに対し、伯母の百合が大企業の部長であることが対比として登場するのも、このような社会を反映しているからだろう。シンデレラ型とジュディ型の間に、格差が生

12 河野真太郎『戦う姫、働く少女』2017年、堀之内出版。「第二派フェミニズムは、国家管理型資本主義すなわち福祉資本主義を批判した。それ自体は、承認と再分配双方の側面における、第二派フェミニズムの真正な解放への衝動にもとづく批判であった。しかしその衝動と批判は部分化され、収奪されてしまう。フェミニズムの解放の物語が資本主義の新たな精神を正当化する物語を提供してしまった、第二派フェミニズムの「余生」である。興味深いのは、このフェミニズムの物語が両極端にいる女性たち、つまり専門職中産階級の女性たちと、非正規・低賃金労働者の女性たちの両方を惹きつけたというフレイザーの指摘だ。この両極端はまさに、前章の『アナ雪』論で指摘した、勝ち組ポストフェミニストと負け組ポストフェミニストの対立的形象に一致している。」

13 松岡亮二『教育格差――階層・地域・学歴』（2019年、ちくま新書）においては、とくに若い世代では女性間の学歴や職歴の格差が大きいことが指摘されている。

まれている時代なのである。

実はこの視点を持ち込むと、日本で長年人気の「働くヒロイン」であるジブリ映画『魔女の宅急便』[14]のキキの印象も変わる。

河野は『魔女の宅急便』を、本当はそんなはずないのに、宅急便をあえてクリエイティブな仕事として描いた話として読んでいる。


キキの労働がどのように描かれるかを見ていくと、キキが魔女見習いとして暮らすことになった町で、みずからの職業として選ぶ宅急便というものが、クリエイティヴな自己実現をともなう職業として描かれること、そこにこの物語が郵政民営化の物語であることの真の意味——これが新自由主義的でポストフォーディズム的な物語であるということ——があると分かるだろう。

ここでは、キキのそのクリエイティヴな労働が、先に論じたアイデンティティの労働の特質を備えていることを指摘していきたい。キキが一種の偶然から選ぶ職業、宅急便は、その本体は肉体労働であるはずだが、その表象においては感情労働の特質が前面に押し出されている。

（『戦う姫、働く少女』）

たしかに「空を飛んで物を運ぶ」ことは、普通に考えたらものすごく肉体労働である。低賃金労働かもしれない。ジュディ型とシンデレラ型のどちらかと問われたら、シンデレラ型労働の一例だろう。しかし『魔女の宅急便』で描かれる労働のかたちはたしかに、笑顔を忘れず、心を大切に、みんなの励みになるような存在であることだ。本当だったらキキは必要なかったかもしれない「笑顔」を、労働には必要なものだと母から教えられる。つまりジュディ型労働としてキキは宅急便の仕事を受けとめる。

物語の途中、精神的な理由が関係してキキが空を飛べなくなる描写がある。それはこの映画が宅急便の仕事をアイデンティティ労働と見なしている証だ。

さらに河野は『魔女の宅急便』のラストシーンも「アイドル」的であると解説する。

14『魔女の宅急便』１９８９年、東映

たしかにスランプに陥ってなかなか飛べなかったキキが、なんとか飛んでみんなを助ける場面をテレビに映されることは、まさしく現代のアイドル的だ。この場面は原作小説にはなく、スタジオジブリのアニメ映画版にのみ登場する。映画ははっきりと、キキの労働を、「自己実現のための労働」つまりジュディ型労働として描くのだ。

では「魔女の宅急便」業を、必要以上に自己実現的な労働として描くのは、批判されるべきことだろうか？　私はそうは思わない。前述した通り、やはり労働にはどちらの側面もあり、生活のためでありつつ自分のやりがいのためであることがしばしばあるからだ。

しかし一方で、よく女性の感情労働は「やりがい搾取」と呼ばれるような、賃金以上の感情の強制を要請されることがある。キキに求められる「ずっと笑顔でいてくれ」「客にやさしくしてくれ」といった要望も、そのひとつだろう。そう考えると、その描写は簡単に搾取に加担し得る。働くヒロインの描写は意外と繊細な問題を内包しているのだ。

さらに河野のいう「専門職中産階級」の女性たちも、自分のジュディ的、つまり自己実現的労働を全面的に肯定できているかといえば、そうでもない。

たとえば最近の映画だとシアーシャ・ローナン主演の『ブルックリン』[15]は、田舎から出てきたヒロインの葛藤を描く。

主人公は1950年代アイルランドの閉鎖的な田舎で育った若い女性、エイリシュ。彼女は美人な姉ローズに励まされ、ニューヨークへ単身渡ることを決める。ニューヨークではホームシックにかかりつつも、とりあえずデパートで働く仕事を見つけ、恋をする。さらに会計士という夢を見つけ、専門資格をとるための授業を隙間時間に受講する。充実した日々を送るのだ。

しかしある日、故郷からローズの訃報が届く。母と暮らしていたローズは、突然亡

15『ブルックリン』2015年、アメリカ・アイルランド・イギリス・カナダ。主人公を演じたシアーシャ・ローナンが本当によかった。シアーシャはその後も『レディ・バード』『ストーリー・オブ・マイライフ／わたしの若草物語』など活躍してくれて嬉しい。

くなってしまった。急いでアイルランドへ帰ったエイリシュは、姉のように故郷で生きるべきか、迷うことになる。

最初は田舎のスーパーでくすぶっていた主人公が、渡米して、会計士という専門職への夢を持つ。これだけみると、たしかに労働による自己実現の物語に見える。場所を田舎から都会に移しているのも示唆的だ。

しかし、姉の存在――田舎でばりばり働いていたローズが、結果的に病気になって亡くなることが、主人公にとっては「本当に都会へ行ってよかったのか」と後悔するきっかけになる。それは田舎から都会に出た女性の簡単なサクセスストーリーというより、女性の労働による自己実現へのためらいや後ろめたさを丁寧に描いていると言える。自分よりも優秀だった姉が、結果的に田舎を出られなかったことと、自分のほうが都会で親の世話も見ず楽しい仕事に就いてしまったことに、エイリシュはどこか後ろめたさを感じている。

前述した三浦や河野の指摘通りに考えると、やりがい搾取や格差といった問題はあるものの、おおむねポストフェミニズム状況の女性たちは、労働による自己実現に前向きであるように思える。しかし『ブルックリン』を見ると、やはりそこには女性自身も、労働による自己実現を百パーセント肯定しているとは言えない状況が見え隠れする。

なぜならそこに家庭の存在があるからだ。

子どもや親やきょうだいという存在がある限り、彼女たちには「労働で自己実現を望むことは、本当にいいことなのか」という問いがつきまとう。結婚していなくても『ブルックリン』のように、自分よりも優秀な姉が田舎に残るという状況は、そのような女性たちの戸惑いや葛藤を表現しているように見える。

とくに故郷から出てきて都会へ行くヒロインというのは、一見シンデレラストーリーのように見えやすい。『魔女の宅急便』などは、まさにそのような単純な型を描く。しかし『ブルックリン』を見ると、そこには実はヒロインのためらいが存在している。「家庭と仕事」という古典的命題から、自由になることがないヒロインが存在する。

働くことで自己実現をしたくても、ためらう事情がある。しかし搾取されてばかりでは、じゅうぶん楽しく生きられない。働くヒロインの間にも、格差はたしかにそこにある。しかしどちらの立場もいまだに屈折を抱えている。『あしながおじさん』や『シンデレラ』の時代から働くヒロインを取り巻く環境は、さらに複雑かつ多様になっている。

だからこそ、それだけの数のフィクションが必要なのだろう。

少女と労働——『映像研には手を出すな！』

さて最後にヒロインの年齢を少し下げてみよう。働くヒロインの物語のなかには、系譜のひとつとして「本来働く年齢になっていないはずなのに、突然働くことになる少女」物語、がある。

先ほど挙げた『魔女の宅急便』がこの系譜だ。たとえばキキの母親が「13歳になったら独り立ちって早すぎるわ」とぼやくシーンがある。まだ子どもなんだけど働かざるをえない。それがキキを取り巻く状況だ。それまで少女だったのに、いきなり働く時期がやってきて、別の街へ渡る。数少ない自分のできることを携えつつ、恋のようなものを見つけながら、仕事をする。

同じジブリ映画では、『千と千尋の神隠し』[16]も同じ構造の物語だ。いきなり別世界に入り込んでしまった千尋は、働かなくてはいけない状況に放り込まれる。それまでやったことがなかった労働の数々を、先輩に教えてもらいながら、失敗も成功も重ねつつ経験する。

ここで大切なのが、両作品とも、少女にとって労働が「自立」の証になっていることだ。だから必ず故郷から離れた場所で働かなくてはいけない。

千尋もキキも、親元から離れる。そして一人で生きる証として、仕事をする。

ジブリ映画以外にも、少女漫画や少女小説ではしばしば「少女だったのに働かざるをえない状況になる」作品が登場する。冒頭に挙げた『マッチ売りの少女』や『小公女』、『おしん』などもその系譜に当たるのかもしれない。また最近の映画だと『天気

16『千と千尋の神隠し』2001年、東宝

の子』[17]も、事情があって働かざるをえなくなった少女のヒロインが登場していた。ある種の大人になる通過儀礼の景色のように、少女は働く。少年漫画だとそれは「冒険」になるのかもしれない。しかし少女は、大人になるために、働くことが多い。

一方で現代には、「環境に要請され、強制的に働くことになる」物語とはまた違った状況の「働く少女」も存在する。

2020年『映像研には手を出すな!』[18]というアニメがNHKで放映された。アニメを作る女子高生の部活動の話なのだが、意外にもここに「働く少女」の主題は流れている。

彼女たちは部活動の一環としてアニメを作っている。そのなかで「金」が大切だ、としきりに唱える。とくに部活仲間の三人のひとりである金森さやか(通称「金森氏」)は、三人のなかではプロデューサー的な存在で、作ったアニメで「金銭を稼ぐ」ことの重要性を強調する。

「少なくとも金は貰います」
「金の　亡者め！」
「仕事に責任を持つために、金を受け取るんだ！　金は依頼した仕事の出来を保証させるためにあるんです。金を貰う以上、我々には仕事の出来を保証する義務が生じます」

（『映像研には手を出すな！』第2巻、第8話）

アニメでお金もうけしなくてもいいじゃん、と言う仲間に対して、金森氏は、「自分の仕事に責任を持つため」に、部活に金銭を介在させようとする。

生きていくために仕方なくする労働、でもない。自分のなりたい自分になるための労働でもない。自分のやりたいことに責任を持たせるための仕事だ。

それは自立というより、「自分たちの能力に社会的責任を介在させるため」という

17『天気の子』2019年、東宝
18 大童澄瞳『映像研には手を出すな！』2016年〜、小学館

目的ゆえの「労働」だった。

それまで描かれてきた少女たちの仕事は、自分が生きていくため、自分がなりたい自分になるため、の二側面が主だった。しかし2020年には「自分の才能を社会の中で大きなプロジェクトとして使うため」と叫ぶヒロインが現れる。自分の作品を流通させる。さらに大きな場で発表する。金銭を介在させることは、そのための作業だという。

これまでにも、芸術的才能をもった少年や少女たちの物語はたくさんあった。しかし、美大を目指したり賞に応募したりするのではなく、『映像研には手を出すな!』の金森氏のように、お金をとる構造をつくり、自らそれを仕事にしてしまうという物語はあまりない。彼女のゴールは「アニメーターという職業」ではなく、「部活で作ったアニメを広めること」なのだ。

『あしながおじさん』の時代、チャンスをもらわなければ少女は才能を世に出せなかった。しかし2020年、少女は自ら作品に金銭を介在させ、世に流通させることを選択する。新しい「働く少女」の形かもしれないと感じる。物語としては「働く少女」の系譜でありながら、自立のためにやっているわけではない。金森氏は自分の生産物――商品のために働く。それはある意味、少女が少年漫画でいう「冒険」のように、仕事を捉えた瞬間かもしれない。

さまざまな働くヒロイン

本章では「働くヒロイン」がどのように変化してきたのか分析してきた。仕事をする女性が増えれば増えるほど、フィクションのヒロイン像もまたその種類を増やす。職場のなかの女性の表象もまた、変化していくことだろう。なぜ私たちが働くのかといえば、端的に言えば生きるためなのだが、それでも生きることにもさまざまなレイヤーがある。女性が働くことは、もっともっとさまざまなテーマで論じられ、議論されるべきテーマだと思っている。

第二部

少女漫画の謎を解く
——作品論

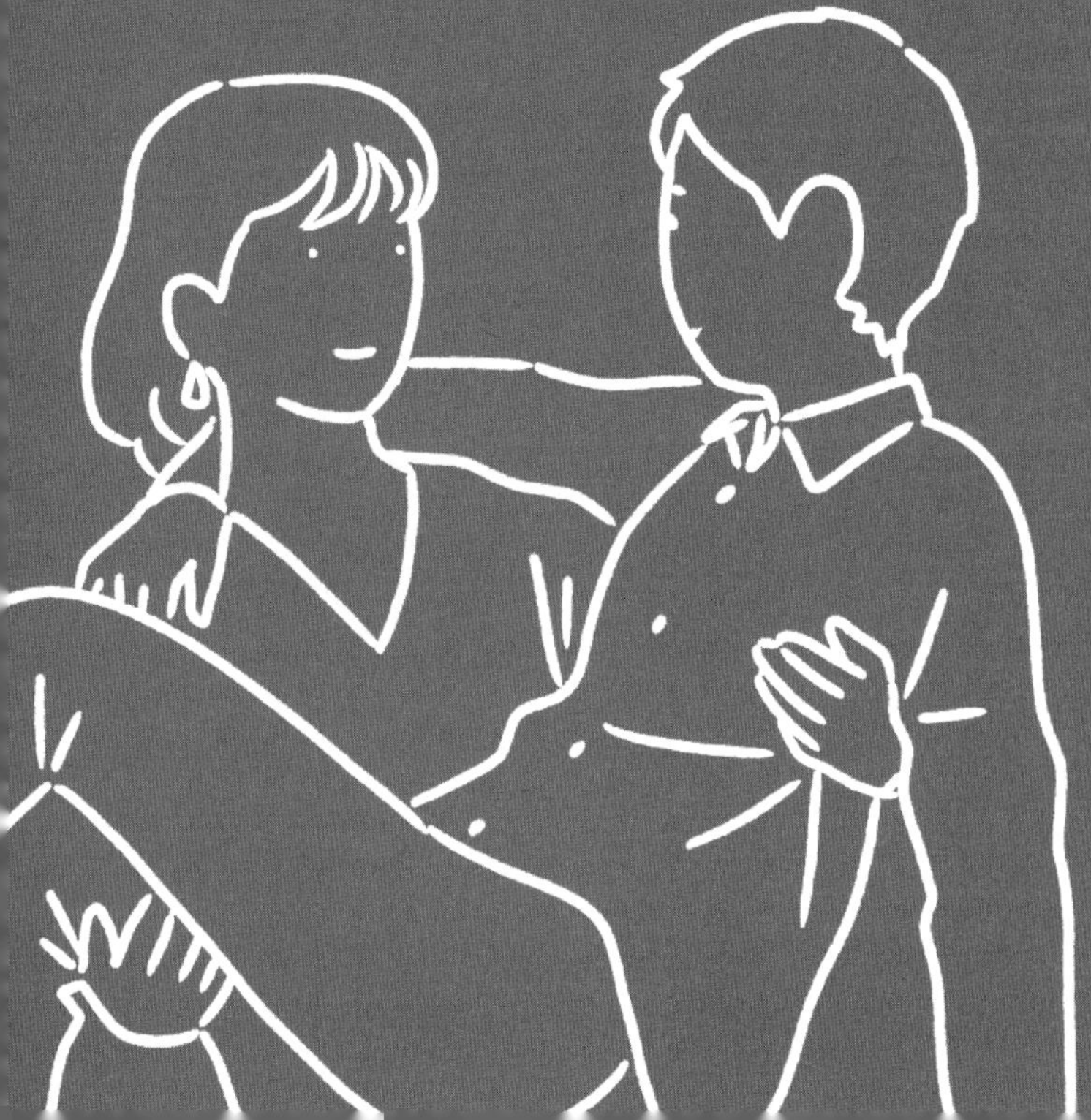

なぜジブリには女の子が主人公の物語が多いの

——『トーマの心臓』論

Contents & Girls

『魔女の宅急便』→キキ

『トーマの心臓』→トーマ・ユーリ・エーリク

少女の系譜

この国は、少女が好きすぎる。そう思ったことが何度もある。

川端康成も、谷崎潤一郎も、筒井康隆も、赤川次郎も、村上春樹も、岩井俊二も、奈良美智《よしとも》も、会田誠も、宮崎駿《はやお》も。いやみんな少女が好きすぎではないだろうか。名前を挙げたらキリがないのだが。

日本の小説や映画や絵画やその他たくさんの場所に、少女は登場する。なんでこんなにと首を傾げたくなるくらい登場する。

彼女たちは必ずしも大人の男性の性欲の対象となるわけではない。

——これが首を傾げるところである。正直、おじさんたちの性欲をぶつける相手としてのみ登場してくれるのなら、私は納得するのだ。「ロリコンやめろ、バカ」と一蹴できるから。でもそこで登場する少女たちは、ロリコン趣味であることを百パーセント否定はできないけれど、百パーセントロリコン趣味と片づけることもできない。

なぜなら彼らの描く少女たちは、しばしば「自分の手の届かないところにいること」に重点が置かれている。

もし彼らがロリコン趣味だとするならば、少女という弱者が自分の支配下にいてくれることを重視するはずだろう。自分を攻撃してこない存在を好きになる、それが弱い存在を好む一番の理由だから。しかしそれにしては、日本の作品に登場する少女たちは、ときに憧憬《しょうけい》の対象であり、自分の手の届かない遠い存在として描かれる。

自分の手には入らない存在。自分の外側にいる存在。そういう存在として少女を描く。魔女として箒《ほうき》にまたがり空を飛んだり、セーラー服で機関銃を持ったり、ラベンダーの香りを嗅《か》いだり、いっしょに花火を見てくれなかったり、いっしょにハワイに行ってくれたりする存在。それが日本のフィクションの少女なのである。

なぜ日本のヒロインは、10歳から14歳くらいまでの少女が多いのだろうか。

たとえばスティーブン・キングは『スタンド・バイ・ミー』[1]で、少年時代の思い出への憧憬を描くのに、四人の少年たちによる夏の冒険を描いた。しかし岩井俊二が監督になると、同じ「夏の少年時代の思い出」というテーマを撮るにしても、少女のヒロインが登場する。『打ち上げ花火、下から見るか?横から見るか?』[2]という映画は、ほとんど少女が主役といっても過言ではない物語だ。

もちろん違う話なんだからヒロインが登場したっていい。しかしそれにしたって、少年時代を描くのにわざわざ少女を登場させるのは、彼の作家性ではないか。

なんでこんなに日本の男性クリエイターたちは、少女を主人公にするのだろう。

宮崎駿と飛ぶ少女

日本の「少女」主人公といえば、宮崎駿の作品がある。スタジオジブリの映画には、

1『スタンド・バイ・ミー』１９８６年、アメリカ

2『打ち上げ花火、下から見るか?横から見るか?』１９９３年、フジテレビ系。オムニバステレビドラマ『ｉｆもしも』の一編。映画は１９９５年。２０１７年に設定などを少し変更したアニメ映画が公開された。

少女が主人公の物語がたくさん存在する。

宮崎駿の描く少女は、よく空を飛ぶ。『風の谷のナウシカ』[3]、『魔女の宅急便』[4]、『天空の城ラピュタ』[5]、『千と千尋の神隠し』[6]。いちおう『となりのトトロ』[7]もトトロにしがみついて空を飛んでいる。

『風立ちぬ』[8]や『紅の豚』[9]を観るまでもなく、宮崎駿が「空を飛ぶ絵」に並々ならぬ執着を持っていることは明らかだ。しかし、それにしてもよく少女が空を飛んでいる。

少年はどうなのだろう。ジブリ作品では少年も、たしかに空を飛んでいる。飛行機に乗って、龍になって、あるいは自転車を漕《こ》いで空を飛ぼうとする。

しかしやっぱり、少女の軽やかに空を飛ぶ風景と比べると、どこか宮崎アニメの少年が空を飛ぶにはスティグマが付きまとう[10]。

『風立ちぬ』や『紅の豚』は戦争というテーマをその身に背負ってしまうし、『千と千尋の神隠し』のハクは湯婆婆《ゆばーば》の手下として血だらけになりながら空を飛んでいたし、『魔女の宅急便』のトンボはキキと比べると飛べない存在であることは明白だ。

宮崎駿が、何も罪悪感なく空を飛ばせられるのは、どうやら少女だけ、らしいのだ。
これについて思想家の内田樹《たつる》は以下のように解説する。

たぶんもう少し年齢が上回ると、性的関心が少女たちの世界を覆い尽くし、むしろその視野を狭め、事物の解釈を定型化してしまう。化粧し、媚態《びたい》を演じ、恋の駆け引きに没頭する女性はたぶん宮崎駿にとっては少しも魅力的ではないのだ。
性的に熟成するわずか手前の、荒野や辺境を駆け巡り、心ときめく冒険をするに足るだけの身体的成熟には達しているが、性的目的のためにそれを用いること

3『風の谷のナウシカ』1984年、東映 4『魔女の宅急便』1989年、東映 5『天空の城ラピュタ』1986年、東映 6『千と千尋の神隠し』2001年、東宝 7『となりのトトロ』1988年、東宝 8『風立ちぬ』2013年、東宝 9『紅の豚』1992年、東宝 10批評家の宇野常寛は『母性のディストピア』(2017年、集英社)で『ルパン三世 カリオストロの城』においては「少女の愛があれば」中年男性は少年に戻って飛ぶことができたが、『天空の城ラピュタ』で空飛ぶムスカを倒してラピュタを滅ぼして以来、少年が空を飛ぶシーンを宮崎駿は描かなくなった、と説明する。

については、まだ自制する必要さえないほど無関心であるような段階の少女たちは、宮崎駿から見ると、「身体を持っていること」「五感がいきいきと活動していること」それ自体から強烈な愉悦を汲み出すことのできる特権的存在なのである。

（『街場のマンガ論』）11

描き手としての宮崎駿にとって、成熟した女性が魅力的でないかどうかはともかく[12]。しかし宮崎駿の描く飛ぶ少女たちはたしかに性的には成熟していない、少女と呼ぶほかない年頃だ。

少女であれば、その軽やかな身体性をじゅうぶん使って、空を飛ばせられる。荒野を駆けまわるさまをぞんぶんに描くことができる。宮崎駿が少女に空を飛ばせるのは、それに見合う身体を持っているから。しかしだとすれば、不思議に思う。内田の言う通り「荒野や辺境を駆け巡り、心ときめく冒険をするに足るだけの身体的成熟には達しているが、性的目的のためにそれを用いることについては、まだ自制する必要さえないほど無関心であるような段階」の存在なら、少年だっていいはずだ。

少年だって、空を飛んでもいいじゃない！

なぜ宮崎駿は、少年を飛ばせないのか[13]。もし内田の言う解釈を応用するなら、「空を飛ぶ少年には、身体的愉悦を感じない」からということになる。ざっくり言ってしまえば、「空を飛ぶ少女にしか、楽しい気分で感情移入できない」ということだろう。

少年を飛ばせるには罪悪感があるけれど、少女なら罪悪感なく飛んでもらえる。

ではなぜ宮崎駿は、少年の身体を使って、空を罪悪感なく飛べないのか。

しかしこの問いを考える時、私はまったく逆のパターンの物語に行き当たる。

11 内田樹『街場のマンガ論』2014年、小学館文庫 12 反例として『ルパン三世 カリオストロの城』（1979）があるじゃないか、エボシ様は十分魅力的ではないのか！ 13 例外が『未来少年コナン』（1978）なのだが、脚本は宮崎駿でないのでカウントしないこととしたい。さらに言えば、コナンですら「飛行機の上に飛び乗る」ことが限界なのだった。

萩尾望都と走る少年

逆。といえばつまり、女性クリエイターが、少年を主人公に据える場合だ。

日本の少女漫画には、少年主人公の系譜が脈々と受け継がれている。『風と木の詩』[14]、『ポーの一族』[15]、『BANANA FISH』[16]、『坂道のアポロン』[17]。女性漫画家によって描かれ、少女漫画雑誌に掲載されているが、少年が主人公、というものだ。

少女漫画にも少年を主人公にした物語は多く存在する。まるで宮崎駿がどうしても自由に空飛ぶ少女を描きたかったみたいに、まるで岩井俊二が思春期の思い出を少女なしで語ることができないみたいに、少女漫画家は少年でしか語れないことがあるのだと、漫画は語る。

なぜ彼女たちは少年を主人公に据えるのか？　これについては、少年たちの寮生活を描いた漫画『トーマの心臓』に関してのインタビューで、萩尾望都《はぎおもと》自身が語っている。

トーマを発表する前の七一年に、『11月のギムナジウム』という短編を描いたことがあります。トーマと同じキャラクターを登場させて、別のストーリーを作った作品なのですが、掲載するのは少女雑誌なので男の子ではまずいだろうと思って、いちど少女のキャラクターでネームを起こしてみました。

するとびっくりしたことに、女の子は動くたびに言い訳をしなくてはいけないのです。走ったり、木にのぼったり、大声で笑ったり、乱暴な言葉を言ったりするたびに。それに女の子だったら簡単に殴ったりはしないし、草むらを転げ落ちたりもできません。

そこで別に男の子のキャラクターでネームを起こしてみたら、自由なんですね。

14 竹宮惠子『風と木の詩』1976年~1984年、小学館 15 萩尾望都『ポーの一族』1972年~、小学館 16 吉田秋生『BANANA FISH』1985年~1994年、小学館 17 小玉ユキ『坂道のアポロン』2007年~2012年、小学館。しかしこうして並べてみると、この系譜の少女漫画って小学館の独壇場ですね。

言い訳がいらないんです。なんて描きやすいんだろうと思って、そこで少年の自由さに目覚めてしまいました。それまで自分が女であることに不自由を感じてはいなかったのですが、女の子はこうしなくてはいけないという枷《かせ》を、自分で作っていたのだということにマンガを描きながら気づきました。

私は九州生まれで、いわゆる「男尊女卑」の環境に育ちましたから、たとえば「弟は大学に行くけれどお姉さんたちは高校までね」、ということに対して、「どうして女だからって大学に行っちゃいけないの?」という考えもありませんでしたし、「男は台所に立つな」と聞いても当然のことと素直に受け取っていて疑問に思ったことはなかったんです。でもきっと、男女平等ではないことに対して、どこかで不満があったのでしょうね。

(「萩尾望都スペシャルインタビュー」『別冊NHK100分de名著　時をつむぐ旅人　萩尾望都』)18

女の子は、自由に動けない。しかし男の子なら、自由に動ける。萩尾望都の言う「自由」は、精神的なものではなく、身体の動きのことだ。少女は身体を自由に動かせられないけれど、少年なら自由に動かすことができる。

ＳＦ評論家の小谷真理は萩尾作品に登場する少年たちについて、「男性でも女性でもない「少年」というそれまでにはないカテゴリー」[18]と説明する。萩尾望都の描く少年は、実際の男性ではなく、ただ女性性を否定した性である、と。

今よりもっと男尊女卑的思想が根強く支持されていた時代に、「女だから」という抑圧をわざと外すため、少女ではない性を主人公に置いた。萩尾望都いわく、その抑圧はとくに、「走ったり、木にのぼったり、大声で笑ったり、乱暴な言葉を言ったり」「簡単に殴ったり」「草むらを転げ落ちたり」する、自由な身体運動に課せられていたと言う。

しかし考えてみれば不思議な話である。前述した宮崎駿が飛ぶ少女にこだわった理由が「自由な身体性を求めて」であれば、宮崎駿と萩尾望都はそれぞれまったく同じ

18 小谷真理・夢枕獏・ヤマザキマリほか『別冊ＮＨＫ１００分ｄｅ名著　時をつむぐ旅人　萩尾望都』２０２１年、ＮＨＫ出版。この「１００分ｄｅ名著」（ＮＨＫ　Ｅテレ）萩尾望都回、とても面白かった。

意図をもって、逆の性を使用しているように見える。

つまり、萩尾望都は、少年のほうが自由に動けるから、少年を主人公にした。宮崎駿は、少女のほうが自由に空を飛べるから、少女を主人公にした。

逆じゃん！　なんだそれは！

『トーマの心臓』に隠された謎

萩尾望都が言及していた『トーマの心臓』[19]は不思議な話である。

舞台はドイツのギムナジウム。少年トーマが、橋から身を投げるシーンから始まる。同級生のユーリのもとへ、その訃報とともに、彼からの手紙が届く。

消印を見ると、トーマが亡くなった日の朝出されたものだった。そこにはこう書かれていたのだ。

「ユリスモールへ／さいごに／これがぼくの愛／これがぼくの心臓の音／きみには

わかっているはず」

同級生のオスカーは「こいつはきみあての遺書だ」と言うが、ユーリは無言で拒否する。というのもユーリは生前、みんなの前でトーマをこっぴどく振っていたのだ。同級生は「トーマの死の原因はユーリにふられたからじゃないか」と囁《ささや》く。その言葉を否定しながらも、ユーリはトーマの死の意味に苦しめられる。そして彼の遺書に書いてあった言葉の意味も分からず、精神的に不安定な日々を過ごしていた。

ある日、ユーリはトーマの墓に向かう。そして彼の遺書を破く。

「これがぼくの返事だ! きみなどに支配されやしない!」

ユーリはそう叫び、立ち去ろうとする。

すると、そこにいたのはトーマそっくりの少年だった。――この少年はエーリク。顔はトーマそっくりだが、中身はまるで逆。美少年で誰からも愛される性格をしていたトーマとは反対に、喧嘩っ早くてやんちゃでぶっきらぼうな性格だった。エーリク

19 萩尾望都『トーマの心臓』1974年、小学館

は徐々にユーリと関わり、彼らの間に何があったのか知るようになる。

「トーマはなぜ死んだのか?」という謎を通奏低音として、ユーリやエーリクの過去の傷、そしてトーマの遺書の意味が明かされてゆく。

『トーマの心臓』は、トーマの死の意味を探る物語だ。となると、普通だったら「トーマは誰に何をされて、死に至ったのか?」がその問いになると思う。つまり、大抵の物語において○○が死んだ。その理由は? と提示されると、××が○○にこれをしたから、という真相になる。死んだ人間は受け身である場合が多い。たとえば嫌なことをされたから自殺した、とか。だから普通は、「トーマは何をされたのか?」が物語の答えになるはずなのだ。

しかし、『トーマの心臓』がやや変わっている、不思議な物語である所以は、むしろ「トーマがユーリに何かをするために、死んでいる」から。

ここからは物語の結末に言及するので、作品未読の方は注意してほしい。トーマは、ユーリをすくうために死んだのだった。

萩尾望都『トーマの心臓』（小学館文庫）p6、7

トーマは自身が書いた詩を、図書室の本に挟んで残した。そこには「これは単純なカケなぞじゃない／それから　ぼくが彼を愛したことが問題なのじゃない／彼がぼくを愛さねばならないのだ／どうしても」という一文がある。

これこそが『トーマの心臓』の不思議な構造を端的にあらわした箇所である。いうまでもなくこの「ぼく」はトーマ、「彼」はユーリのことだ。

それこそ同級生が噂していたようにトーマがユーリに恋をしてしまって、その同性愛の恋心を罪だと感じて自殺したというのなら、「ユーリはぼくを愛さねばならないのだ」なんて書かないだろう。愛してしまってごめんなさい、など書くならともかく。彼らの生きる世界、つまりキリスト教圏内において自殺は罪だ。しかし自分の自殺をトーマは「彼を生かすため」だと言い切る。

トーマは、ユーリを生かすために死んだ。そして大切なのは、ユーリが自分を愛することだ、という。

……これだけだと、意味が分からないだろう。

しかし物語を読み進めていくと、ちゃんと遺書の意味が分かってくる。

ユーリは、優等生でパーフェクトな少年として描かれる。同級生のなかでも指折りの品行方正さ。しかし彼には秘密があった。

制服の下の肌に、ひどい火傷の痕があるのだ。

この火傷は、実は不良の上級生サイフリートにつけられたもの。ある日、危険な香りのするサイフリートの誘いに乗ってしまったユーリは、彼の部屋に足を踏み入れる。そこで暴力をふるいながらサイフリートは、ユーリに「神よりもあなたを愛してい

萩尾望都『トーマの心臓』（小学館文庫）p419

る」と言わせる。ユーリはサイフリートの言う通り、主のかわりに彼の足先にくちづけをした。

ユーリはずっとこの時のことを、自分の罪だと思っていた。

ユーリは、「自分は天国へいたる翼を持たない」と思っている。神を裏切り、サイフリートの部屋へ自ら足を踏み入れたのは、ほかでもない自分だから。「神さまがお好きなのはよい人間だけ」だ。しかし自分は悪魔に身を売ってしまった。もう天国への羽を持っていない。

だから自分は、誰のことも愛する資格がない。ユーリはそう考えている。

それゆえに、トーマのことも受け入れられなかった。トーマは自分が罪ある人間だということを知らずに愛していたからだ。ユーリは「本当のことを知ったら自分のことを愛するはずがない」と思っていた。

トーマの死も、ユーリは最初、死んで気をひきたいだけではないか、自分を支配したいだけではないか、とその意味を理解することができなかった。

しかしユーリに転機が訪れる。突然現れたトーマにそっくりの転校生エーリクは、次第にユーリに恋するようになる。そしてユーリが罪の意識を持っていることを知ったエーリクは、彼に告げる。

「もしぼくに翼があるんならぼくの翼じゃだめ？
ぼく片羽きみにあげる……
両羽だっていい　きみにあげる　ぼくはいらない
そうして翼さえあったらきみは……
きみはトーマと……トーマのところへ……」

（『トーマの心臓』）

エーリクがそう言った瞬間、ユーリは、理解する。トーマの遺書の意味と、死の理由を。

「これがぼくの心臓の音」

そう遺書に残したトーマこそが、ユーリに翼をくれていたのだ、と。

その意味を理解したユーリは、穏やかな顔で言う。

「神さまは　人がなんであろうといつも愛してくださってるということがわかったんです」

つまり、トーマはユーリの罪を肩代わりするつもりで死んでいった。もう罪は自分が背負って死ぬから、きみは人を愛して生きていいのだとトーマは言っていたのだ。トーマは、人は人を愛して生きていかなくては生きていけないのだと知っていた。だからこそ、トーマの罪を贖《あがな》って死んでいったのだと。

そしてユーリは、神学校へ進み、神父になることを決めるのだった。

トーマはユーリの罪を赦《ゆる》し、そして贖った。それに気づいたユーリは、ふたたび翼を取り戻したのである。

ここまでの説明を読んで、ユーリは暴力の被害者であるにもかかわらず、被害を受けたことを罪だと感じているのが不思議だと思われるかもしれない。しかしこれを、前に挙げた小谷真理は「性暴力の被害者の比喩」であると説明する。

するとユーリの受けた傷というのはなんでしょうか。物語の中では神への背徳という形をとっていますが、現実世界において女性が受ける性暴力に相当すると考えられます。たとえばユーリは被害者なのですから、そんなに落ち込むことはない、悪いのは加害者に決まっていると言ってあげることもできます。でもユーリは、自分に隙があったから、サイフリートに少し惹かれていたから、どんなに残虐な人間でも自分だけは特別に愛されているから甘くされるはずだと思っていたから……だからこんなことになったのだ、自分は誘惑に弱くて駄目な人間なのだと自責の念にかられずにはいられません。

（『別冊ＮＨＫ１００分ｄｅ名著　時をつむぐ旅人　萩尾望都』）

性暴力の被害者が、「自分に被害を受けるだけの落ち度があった」と行動の自己決定を理由に、自責の念を不要に持ってしまうことは知られている。ユーリはまさしくその状態だった。『トーマの心臓』とは、トーマの愛＝赦しによってユーリが一度は折られた「翼」を取り戻す話なのだ。

だからこそ、冒頭の詩でトーマは「彼がぼくを愛さねばならないのだ」と言う。ユーリがもう一度、人を愛することができる状態を取り戻すことが、トーマの望みだったから。

性のない異性

トーマは詩の中で自分のユーリへの感情について、「この少年の時としての愛が／性もなく正体もわからないなにか透明なものへ向かって／投げだされるのだということも知っている」と述べる。トーマの愛には、性がなかった。つまり萩尾望都が『トーマの心臓』のなかで描いたのは、「性のない愛情」だった。

萩尾自身は「身体的に自由だったから主人公を少年にした」と述べているが、どちらかというと、本当はこの「性のない対等な愛情」を描くのに、少年という構造が必要だったように思えてならない。

少女であれば、性が登場してしまう。トーマの愛を描くにしても、もしトーマが少女だと、どこか女性として自己犠牲的な愛情に見えてしまう。家父長制によって支配される性は物語に必要ない。むしろそこから逃げるために、「女性でない性」の登場が必要だったのだ。

だとすれば、もう一度最初の問いに戻ろう。

日本の男性クリエイターは、少女が好きである。とくに宮崎駿は、第二次性徴手前くらいの少女に空を飛ばせたがる。これはなぜなのか。

『魔女の宅急便』を見てみたい。作中、キキが寝込んでから、キキはスランプに陥る。空も飛べなくなり、飼い猫ジジの言葉も分からなくなる。つまり魔法が使えなくなる。

この「キキが寝込む」シーン、見れば生理で寝込んでいるんだろうなということがなんとなく分かる。簡単に言えば『魔女の宅急便』は、生理が来て、キキが空を飛べなくなる話である。

女性からすると、生理が来たくらいで能力失ってたまるかバカ、と一蹴したくなるのだが、どちらかというと物語において「空飛ぶ能力」が「性のない時期のもの」とされていることは示唆的だ。

空を飛ぶのは、まだ性を持っていない段階の能力。萩尾望都と同じく宮崎駿もまた、「性を持っていない時期」という点にこだわりをもって、異性のキャラクターを登場させていた。

反対に、性を持つ、つまり成熟した大人の男性が空を飛ぶ場合はどうか。たとえば『紅の豚』、あるいは『千と千尋の神隠し』のハクになると、空は飛んでいるものの、すでに成熟した大人に見える。あるいは『天空の城ラピュタ』のパズーの父親も飛行家だった。しかし冒頭でも指摘した通り、彼らが飛ぶ理由には、どこか罪悪感がつきまとう。

たとえば自ら飛行機に乗っていたわけではないが『風立ちぬ』の堀越二郎は、飛行機をつくる。彼は戦争で戦闘機として使用されることを分かっていながら、空飛ぶ飛行機を作り続ける。そして妻の菜穂子《なおこ》の看病もできない。彼は「飛行機を作ることは罪だ、しかし作ってしまう」という一種の呪いを背負う。

『風立ちぬ』や『紅の豚』のような戦争という罪、あるいは『千と千尋の神隠し』のハクのような権力を得ようとしたがための罪。こうして見ると、宮崎駿の描く「空飛ぶ男性」たちには、どこか男性性への罪悪感とセットになっている。

宮崎駿の中では父権的な男性性と、空を飛ぶことが結びついているらしい。女性を愛し戦争を起こし人を殺す男性性と、飛行機で空を飛ぶことが、切っても切り離せない。空を飛びたいという夢を追いかければ、最終的に人を殺してしまう。

だから宮崎アニメの男性たちが空を飛ぶとき、何らかのスティグマから離れられないのだろう。豚になったり、妻を失ったり、血だらけになったり、あるいはそもそも飛べなかったりする。

しかし、「男性でない性」ならば、そのような烙印《らくいん》とは無縁で空を飛ぶことができる。

『風の谷のナウシカ』のように、村を助け蟲を愛するために飛行機を飛ばすことができる。あるいは『魔女の宅急便』のように、ただ海の風を感じ、好きな街へ飛ぶことができる。『千と千尋の神隠し』のように、愛する人を助けるために空を飛べる。だから宮崎アニメの少女は、性を持ってはいけないのだ。それは『トーマの心臓』がまだ性を持たない「女ではない」少年たちの愛の物語であったように、宮崎アニメもまた、性を持たない「男ではない」少女たちが空を飛ぶ物語だったのだから。

つまり萩尾望都の少年が実際の少年ではないのと同じように、宮崎駿の少女もまた実際の少女とは違う存在なのだろう。

性別を反転させた現実

宮崎駿は『風立ちぬ』で、「少年たちよ!」と呼びかける場面を作っている。それは長らく空飛ぶ少年たちを描くことができなかった、宮崎駿なりの、「それでも少年たちに呼びかけたかった物語」を描いた証ではなかっただろうか。空を飛ぶことはたしかに戦争を引き起こすようなスティグマを生むものだが、それでも、やっぱり飛行機をつくる夢を見て空を飛ぶことは美しい。そんなことを宮崎駿が書き残した作品、それが『風立ちぬ』に見える。

しかし今まで宮崎駿が「空飛ぶ少年を描けなかった」という文脈を知らないと、『風立ちぬ』を見ても、意味が分からなそうだ。『風立ちぬ』で少年だけに呼びかけるのは、宮崎駿にとっては、大切な話なのだと思う。

クリエイターが自らと同じ性別を持たない、それでいてまだ二次性徴を遂げていない時期の少年・少女を描くことによって、自らの女性性あるいは男性性の抑圧を受けずに、キャラクターを自由に操ることができる、という傾向はたしかにあるのかもしれない。

ジブリアニメなどを見ていると、作者は「少女になりたい」のではないか、と感じる。それは自分が鑑賞者になるというより、自分がその内側に入り込みたい、という欲望を感じる。萩尾望都の作品にもまた、少年を鑑賞する目線は感じない。少年の身体を使用して、少女では描けないものを描いているように見えるからだ。

しかし一方で、だからといって、たとえば『風の谷のナウシカ』のように、少女に世界をすくってもらえばその罪悪感が減る、というのは聖母信仰に他ならないのでは、とも感じる。自分の性の身体を使用してなお、自分の本当に語りたいこと、動かしたいことを体現するキャラクターがもっと出てきたらいいのにとは思う。でもそれは物語の世界の話ではなく、現実のほうの問題なのだろう。

最後に個人的な話になってしまうが、最近、私は宝塚という文化にハマった。何をいきなり言い出すのかと思われそうだが。私が宝塚の舞台を観ていて強烈に感じることは、「やっぱりこれだけジェンダーを捻《ね》じれさせないと、今も私たち女性はフィクションのなかの恋を楽しむことができないのか」ということだった。たとえば男性に「君を守るよ」と言われても、キャーと黄色い歓声をあげることはもはやできないのだが、女性が男装をした姿に「君を守るよ」と言われると、いとも簡単にキャーと黄色い歓声をあげられるのである。

漫画ジャンルにBLというものがあるけれど、あれは、異性愛物語の主人公ヒロインに屈折を感じてしまう女性たちにとっての桃源郷だという解釈がある。それと同じように、宝塚もまた、異性愛物語の相手役ヒーローに屈折を感じてしまう女性たちにとっての、桃源郷なのである。男性に対してじゃなくて、女性になら、何のためらいもなくキャーと言える。

もちろん宝塚を素直にスターたちの物語や観劇として楽しんでいる人もたくさんいるだろう。それでも、一種のジェンダー規範からの逃避場所になっていることもまた、本当だと思うのだ。

少年少女だけでなく、大人の男性女性に対する視線もまた、捻じれさせてはじめて素直に受け取ることができるものがある。それを成立させるのは、フィクションという現実から離れた舞台の役割のひとつであり、それはフィクションだからこそ受け取れる愉悦なのだと思う。

なぜ少女漫画ではしばしば男女逆転の物語が登場するの

――『大奥』論

Contents & Girls

『日出処の天子』
→厩戸王子

『侍女の物語』
→オブフレッド

『大奥』
→家茂・和宮

よしながふみの『大奥』を読む

2021年、よしながふみの『大奥』[1]最終巻が発売された。『大奥』の物語が始まるのは、徳川家光が将軍だった時代。赤面疱瘡《あかづらほうそう》という疫病が流行り、若い男性人口が激減する。男性はおよそ5人に1人しかいないという時代になった日本では、将軍も、武家の跡取りも、村の働き手もすべて女性が担っていた。一方で男性は「貴重な種馬」として扱われるようになる。江戸城の大奥は、庶民には許されない贅沢として、若く美しい男性を集め、女将軍の夜伽《よとぎ》の相手を選ぶ場となっていた……。

一見、男女逆転した大河ドラマに見える。女性版・吉宗や、女性版・家光の物語。

---

1 よしながふみ『大奥』2004年〜2020年、白泉社。長編漫画だったが、近年稀にみる美しい終わり方でびっくりした。筆者は平賀源内が好きなので青沼編推しです。

それは単純に、私たちが教科書で知る将軍たちの物語を、男女逆転したSFとして読みなおす、フェミニズムを下敷きとした物語だと思っていた。

しかし途中で気づく。

「ではなぜこの漫画のタイトルは『大奥』なのか？」と。

女将軍の物語なのに、なぜ『大奥』というタイトルなのか。女性が男性に代わって権力を持った話なら、もっと女性たちのことを指す言葉をタイトルにしてもよかったんじゃないか。それこそ大河ドラマのタイトルみたいな。ついそう考えてしまう。

しかし、違う。これは単に女性が男性に代わって権力を持った話ではない。男性が、女性に代わって「産むための性」になった物語なのである。

だからこそタイトルは『大奥』だった。これは大奥という、言ってしまえば「子作りのためだけに人間が集められた場所」が、始まりそして終わるまでの物語だったのだ。

「私たちはなぜ産む性として生まれてきたのか」

ジェンダーSF文学作品がずっと考えてきたのは、その解けない疑問だった。萩尾《はぎお》望都《もと》が、山岸凉子が、マーガレット・アトウッドが、そしてよしながふみが、そして彼女たちの作品の読者が、ずっと考え続けてきた問いだったのだ。

ジェンダーSF漫画史の文脈 ――『ポーの一族』『日出処の天子』

よしながふみの『大奥』について語る前に、少しだけジェンダーSFというジャンルを女性作家たちがどう扱ってきたか書きたい。『大奥』に連なる縦のラインである「よしながふみより前に刊行された作品」と、横のラインである「よしながふみと同時代に刊行された作品」両方を取り上げる。

縦のライン――よしながふみ以前の漫画家に、萩尾望都や山岸凉子といった「花の24年組」と呼ばれる作家たちがいる。

たとえば漫画研究者の藤本由香里は『私の居場所はどこにあるの?』[2]で、萩尾望都の『スター・レッド』や『マージナル』を、生殖をテーマとする作品、つまりはジェンダーSF作品の代表例として挙げる。

しかしたとえば萩尾望都の『トーマの心臓』や『ポーの一族』といった「少年を主人公とした少女漫画」もまた、女性というジェンダーへの問いから生まれた物語——つまりは一種のジェンダーSF作品だったように見える。

社会学者の上野千鶴子は、花の24年組が少年たちを主人公として描く物語についてこのように分析する。

> だがなぜ、少女マンガ家は、「理想化された自己」を表現するために「少年」という装置の助けを借りなければならなかったのだろうか。それは受け容れがたい現実から自己を切断するための仕掛けであり、かつ性という危険物を自分の身体から切り離して操作するための安全装置、少女にとって飛ぶための翼であった。
>
> (「ジェンダーレス・ワールドの〈愛〉の実験」『発情装置』)[3]

少女が飛べない理由。いうまでもなく、少女には女性らしさという抑圧が存在するからである。年頃になってスカートにヒールを履いて走り回るのは変、男の子に興味を持たないのは変、ヒロインが男性に守られたいと思わないのは変……。少女漫画に課せられた女性らしさにまつわる抑圧は、畢竟《ひっきょう》、少女が「産む性」だからこそ課せられたルールだった。

子を産む嫁として、いい嫁ぎ先を見つけるための規範意識。最終的に子どもを産むことを求められる性別だから、少女は抑圧される。だからこそ、そこから自由になるために、少女漫画家はいったん少年になる必要があった。少女漫画はジェンダーをひっくり返すことで描ける自由を手に入れた。また花の24年組のなかでも、山岸涼子は、クィアな存在を主人公に据える。山岸涼子の『日出処《ひいづるところ》の天子《てんし》』は、聖徳太子が超能力者でバイセクシュアルだった、という設定の歴史SF漫画。歴史とジェンダーを巡る

2 藤本由香里『私の居場所はどこにあるの？　少女マンガが映す心のかたち』２００８年、朝日新聞出版　3 上野千鶴子「ジェンダーレス・ワールドの〈愛〉の実験」『発情装置 新版』２０１５年、岩波書店

山岸涼子『日出処の天子〈完全版〉 第７巻』（KADOKAWA）p116

物語としては、ある種『大奥』にも通じるところがある。

作中で主人公・厩戸王子《うまやどのおうじ》が殊更《ことさら》に叫ぶのは、女性性への嫌悪だった。

「わたしは女が大嫌いなのだ！」

なぜ　この女にこんなにもたたきつけたいのか

「か弱さの仮面を被《かぶ》り　その下で男に媚《こび》を売る女というものがこの世で一番嫌いなのだ！」

（『日出処の天子』）[4]

この場面は、読むたびページをめくる手

が止まる。他人事に思えない。私たちは女性として生まれてきながら、それでも女性という性別を受け入れられないのだ、と痛感してしまうからだ。

もちろん厩戸王子は男性であり女性ではないのだが、この叫びには女性である作者(あるいは読者)自身の、女性性への嫌悪が見える。女性として生まれながら、子を作るために男性に媚びる性に対する嫌悪――その背後にある「どうして自分は女性に生まれてきてしまったのか」という痛切な叫びが聞こえてくる。女性自身のミソジニーを漫画に落とし込んだ、ジェンダー文学の歴史に残る一コマだ。

前述した上野の『発情装置』では、この場面について以下のように説明する。

女が示す女嫌いは、自分の属する性からの離脱のために、必要不可欠な遠心力である。この反発心によって、少女マンガ家は、少年愛の世界を、嫌悪するに足る女性性の汚染が及ばない高みへと離陸させる。したがって、少女にとって自己

4 山岸涼子『日出処の天子』1980年~1984年、白泉社

愛は、マゾヒズムに満ちたものである。

少年愛マンガに、少女は逸話的なノイズとして登場し、主人公に疎まれ、侮蔑され、放逐される。女性のキャラクターは、その冷酷で不当な扱いに、無力に歯がみするだけである。それは、理想化された世界に持ちこまれた少女たちの現実という裂けめを表わしている。

（「ジェンダーレス・ワールドの〈愛〉の実験」『発情装置』）

たしかにここに書かれてある通り、私の周囲のBL漫画を読む友人たちは、しばしばBLに登場する女性キャラの扱いがひどいことへの不満をこぼす。それを上野は「裂けめ」と表現する。裂けめとは、何に引き裂かれているのか。単なる理想と現実だろうか。私はもっと複雑なものではないかと考える。それは女性の中にある、自分自身の女性性の存在と、それへの嫌悪という裂け目ではないか、と。

『日出処の天子』をはじめとした漫画にノイズとして登場する女性キャラクターとは、つまりは「恋愛を重視する女性」だ。男に媚びるしかない、それしか選択肢のない女性。厩戸王子はそれが嫌いなのだと言う。そして彼の女性嫌悪はそのまま読者の叫びだったのだろう。女性もまた、女性嫌悪を抱いている。

たとえば日本の女性アイドルをしばしば未熟だ、あまり歓迎すべきでない文化だ、と嫌悪するとき。あるいは母親がはじめて、娘の異性に媚びる顔を見たとき、なんともいえない嫌悪感を覚えるとき。あるいはBLで男性に媚びる女性キャラクターをあえて登場させるとき。――どれも女性自身の「媚びることしかできない」女性性への嫌悪だ。ここでいう媚びることとは、すなわち「最終的に子を産む性として扱われることを受け入れ、望んだ振る舞いをすること」である。

「媚びる」女性は、自分たちの性が弱いことを受け入れてしまっている。わざわざ弱さを見せつけに行く、その姿勢に嫌悪を覚えてしまう。弱いから、低く見積もっていいのだと自ら下に潜り込むようなその姿勢に。なぜ自分から下に出るのだと、嫌悪する。だから女性自身の女性嫌悪は加速する。それは自分が忘れてきたはずの、必死になくしてきたはずの、男性に媚びて産むことしかできない性であるという現実を受け入れることが許せないからだ。

『日出処の天子』は、厩戸王子という男の体を借り、その女性自身の女性嫌悪を叫ばせた。それは確実に、読者の痛切な叫びの一部だったはずだ。「か弱さの仮面を被り その下で男に媚を売る」性であることを私たちは受け入れたくないのに、なぜ、そのような振る舞いをするのか、と。なぜ、自分たちはそのような振る舞いを求められる性であるのかと。

『日出処の天子』だけではない。他の漫画にも、このような場面は枚挙に暇《いとま》がない。少女漫画は、男の体を借りて叫ぶ。叫んできたのだ。

なぜ私たちは、最終的に子を産むことを求められる性なのか、と。

少女のままでいられない、いつか結婚し子どもを産むことを前提とされる性別であるのは、なぜなのか。花の24年組を筆頭として、少女漫画はその問いを追いかけ続けてきた。『大奥』が「女性の役割を男性に換える」手法をとったのは、少年を主人公とする花の24年組からの流れを考えると、必然だったのかもしれない。

ジェンダーSF文学史の文脈──『侍女の物語』

そして『大奥』と同時代の作品つまりは横のラインとして、マーガレット・アトウッドの『侍女の物語』[5]という小説がある。子を産むための道具としての「侍女」がいる世界を描いたディストピアSF小説だ。

「あの男性が、あなた方は幸福かと聞いているのですが」と通訳は言う。わたしには彼らの好奇心が想像できる。**彼女たちは幸福なのか？　あんな状態でどうして幸福と言えるだろう？**　と思っているのだ。黒く輝く目がいっせいにこちらに

5 マーガレット・アトウッド著、斎藤英治訳『侍女の物語』2001年、ハヤカワepi文庫。2017年からhuluで邦題『ハンドメイズ・テイル／侍女の物語』として実写ドラマが製作。2021年段階でシーズン4まで配信。原作より怖いが見てしまう。

向けられ、彼らが答えを聞き逃すまいとして、ちょっと身を乗り出すのが感じられる。特に女たちがそうだが、男たちも例外ではない。わたしたちは禁断で秘密の存在であり、彼らを興奮させずにはおかないのだ。

（『侍女の物語』）

国の出生率の低下を危ぶんだクーデター政権が、子どもを産むことのできる若い女性を「侍女」として派遣する社会。彼女たちは国の資源として保護され、文字も教えられず、名前も持たされない。たとえば主人公の侍女は「オブフレッド＝of Fred」と呼ばれるだけ――「フレッド家のもの」と名づけられるだけなのだ。

この作品に登場する女性は、基本的に二種類に分けられる。「侍女」か、「妻」か。両者を分かつものは、子どもを産むか、産まないか。どちらにせよ女性は銀行口座もクレジットカードも持てない世界の話だが、出産できるかできないかという点で女性を分断する。物語のなかでは、主人公の侍女と主人公が仕える夫の妻との軋轢《あつれき》が詳細に描かれる。

侍女の役割は出産だけってあまりにグロテスクなディストピア社会、と読む最中は慄《おのの》いてしまう。しかし一歩引いて考えてみれば、江戸時代の大奥もまた、『侍女の物語』とそう変わらない場所だったと気づく。

大奥もまた、「将軍の子どもを産む女」を国家が管理していた場所だった。そして子を産むための正室以外の女性は、側室として、正室との分断を余儀なくされたのではなかっただろうか。

そう考えると、『侍女の物語』と『大奥』の物語として見据えているものは、遠くない――というかほぼ重なっていると言っていい。子を産むことだけが女の役割とされることを、どのように描くか。それは数々のジェンダーSF作品が考えてきたテーマそのものだった。

『侍女の物語』もまた、女性自身の「媚びる女性」への嫌悪を告発する。「妻」は「侍女」のことを嫌悪し、さらに「侍女」もまた「妻」のことを侮っている。文字も読めない侍女のことを妻は嫌悪しながら、夫と性行為をおこなっているのは自分だと侍女は思う。一見、女性同士の対立を描いているように見えるかもしれない。しかしこれは『侍女の物語』が描いた、産む性として扱われる女性の、ひとりの心の内で巻き起こる葛藤だろう。

女性は内側で分断される。「女性」としての自分と「人間」としての自分に。多くの女性が働くようになった現代ではさらにこの分断は深まる。子を産むことと、勉強し働くことは、いうまでもなくまったく異なるベクトルの要求だ。化粧と勉強、結婚と仕事、出産と年収。人生でいつもベクトルの異なるふたつの軸がある。もちろんそんな要求付き合ってられるか、とどれかを切り離すことはできる。ただ、なぜか結局どちらを選んでも、選ばなかったほうから責められているような気になる女性は多いのではないだろうか。少なくとも私はなる。

たとえば「私たちが勉強してた時間、みんな化粧の練習してたんだよね」と自虐的に笑う大学時代の友人がいた。あるいは「勉強ばかりしてないで、もっと服とか買いなよって親に言われる」と困っている友人もいた。こんな発言が出てくるのは、結局女性のなかで「妻」の自分と「侍女」の自分、双方をこなせていないことに後ろめたさを感じているからだろう。もちろん『侍女の物語』は、女性がクレジットカードすら持てない極端な世界ではあるのだが。

しかし女性の内部で分断が起きるのは、そもそも女性たちが女性としての自分——「産む性」として見出されるからである。あなたの人生は子を産むためにあるのだと言われなければ、人間から切り離された、女としての人生なんて生まれなかったはずだ。アトウッドの描いた女性たちの分断も、女性たちが引き起こしたものではない。元を辿れば女性を産む性として見出す外側の世間が存在していたからである。


途中でキッチンに座っているセリーナ・ジョイのことを考えた。安っぽい女、と彼女は考えている。あの娘たちはどんな相手に対しても脚を開くんだわ。彼女たちには、煙草を一本与えておけばいいのよ。

そして終わった後で考えた。これは裏切りだ、と。行為自体ではなく、わたしの反応の方が。もしも彼が死んだとはっきりわかっていたら、事態は変わっただろうか？

わたしは恥知らずな女になりたい。不謹慎な女になりたい。無知になりたい。

そうすれば、自分がいかに無知であるかに対しても無知でいられるだろうから。

（『侍女の物語』）

アトウッドはノーベル文学賞候補の話題が出るたび名前の挙がる作家であり、とくにここ数年、フェミニズムの話題が盛り上がるにつれて日本での注目度も増している。おそらく今後、21世紀の文学史を語る上でも外せない作家になるだろう。また『侍女の物語』が出版されたのは1985年だが、2017年にhulu《フールー》がドラマ化しているところを見ると、2010年代後半に再発見された物語といっていいかもしれない。そんなアトウッドが書いた小説と、よしながふみの『大奥』のテーマが重なっていることは、決して偶然ではないのではないだろうか。

「産む性」としての男性――『大奥』前半

そして『大奥』である。この漫画は前述したように、単純に男女逆転をしているわけではない。「男性が『産む性』になった世界」を描いている。

その証拠に、赤面疱瘡が流行した世界で、男性は家事をしない。単純に男女逆転の話ならば、女性が出産・仕事、男性が家事をする世界になるだろう。しかしこの世界では、男性は家事もせずただ貴重な種馬として扱われる。

ここで男の仕事から家事を排除しているのは、「子作り」という機能だけを男性に移管したかったからだろう。――この世界において、男性は、「子を産むために存在する」性となっているのだ。出産をするのは女性だったとしても、子を産むためには男性が必要だ。この常識が共有されてから長い時間が経つと、「男の子は政治や仕事に参加しなくてもいい」「男の子はひとりで生きていく覚悟がないから怠け者だ」と

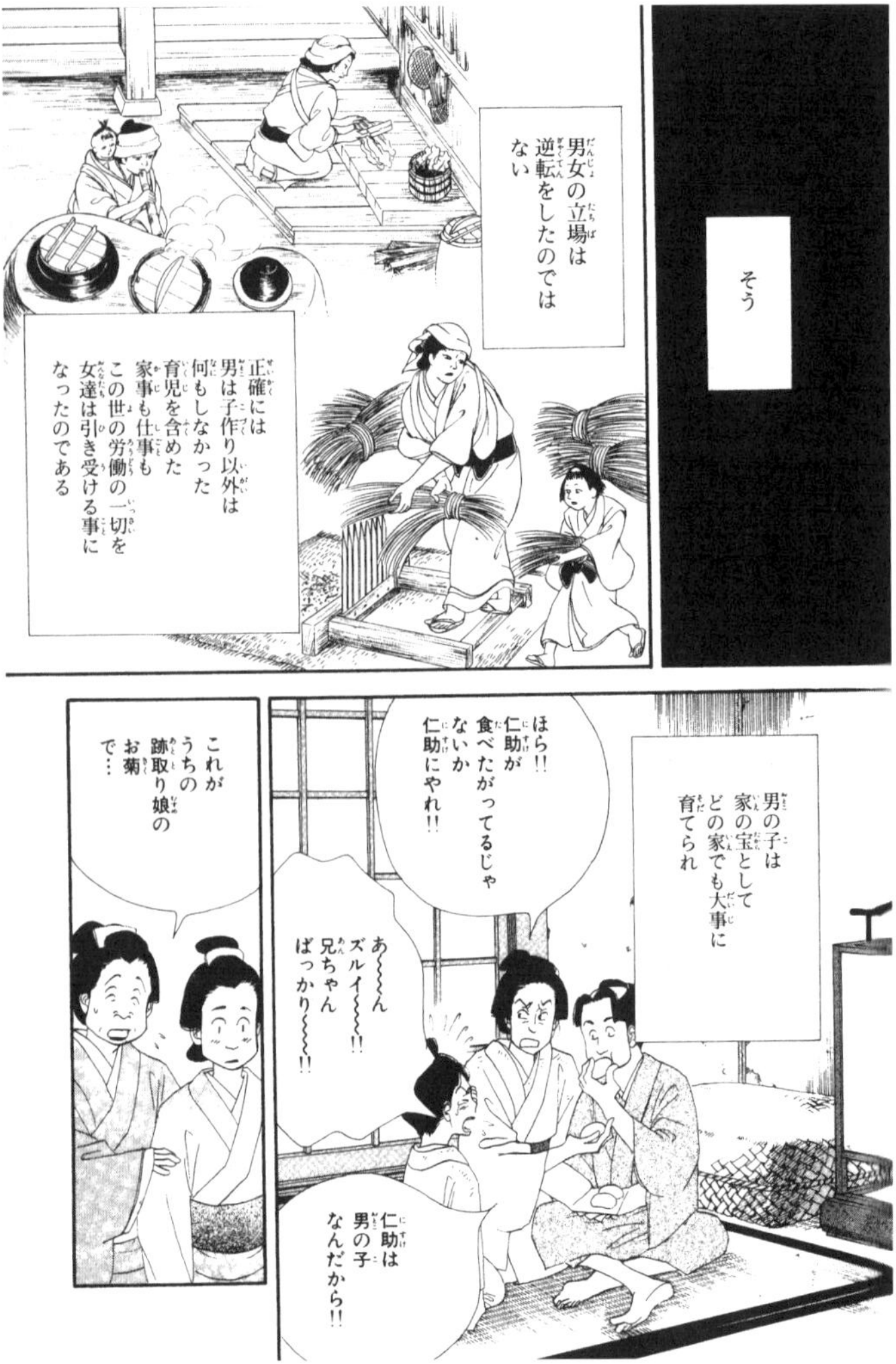

よしながふみ『大奥 第四巻』（白泉社）p47

いった発言が見られるようになる。

「男がそういう政《まつりごと》にかかわる事をちまちまこの母に意見せずとも良いと何度申したら分かるのじゃ！」

「そもそも男など女がいなければこの世に生まれ出でる事もできないではないか!!

生まれたら生まれたで働くのも成人して子を産むのも全てを女に押しつけて己はただ毎日女にかしずかれて子作りをするだけ!!」

（『大奥 11』）

政治に参加しなくてもいい、一人で生きていこうとする覚悟が足りない……そういった言葉を現実で投げかけられることが多いのは女性だろう。でもそれは現実で女性が産む性の側にいるからだ。『大奥』は、男女逆転という装置を使って、産む性であるとみなされる性別への差別をあぶりだす。

ここで浮かび上がってくるのはつまり、「女だから」政治や仕事に参加しなくていいと言われているのではない、「子を産むことが最重要とされているから」政治や仕事に参加しなくていいと言われているのだ、ということだ。

男性が子作りのために家の宝となった世界においては、男性は子作り以外の何もしなくていい、と言われる。しかしそれはすぐに、男性は子作り以外に価値のない性別だ、という意見につながる。そして男性は子作りのために生まれてきた性別であるとみなされる。

こうして差別は生まれる。ジェンダーを逆転させることで、『大奥』は現実の男女逆転の様相を見せている。

長編漫画『大奥』の序盤は、大奥の男たちと女将軍たちの恋物語が中心となる。貧乏な家からやってきた水野と、吉宗の物語。大奥の子作りの相手として無理やり還俗《げんぞく》させられた有功《ありこと》と、家光の物語。側室候補として京から呼び寄せられた右衛門佐《えもんのすけ》と、綱吉の物語。それらはどれも、子種として選ばれた男たちと、子を産まねばならない女たちの、少なからず悲劇的な要素が入り交じった物語となっていた。

彼らの悲劇とは何か。それはひとえに「次の将軍となる子を、作らなくてはいけない」「次の将軍を、子のなかから選ばなければならない」という呪縛によった。

たとえばのちに「お万の方」として大奥の伝説となる有功は、家光と相思相愛の関係になるも、子を作れずに終わる。結局、家光は他の側室の子を産む。しかし家光が子を産んでからというもの、有功は今まで通り家光に接することができなくなるのだった。

あるいは偉大な女将軍・吉宗は、長女の家重の言葉が遅く、次女と比べて周囲に将軍の器とみなされないことに頭を悩ませる。

子を作っても、作れなくても、悲劇は起きる。作った子が必ず将軍の器とは限らず、そしてまた愛する男との間に子を作れるとは限らない。女将軍たちは常に子作りに悩まされた。徳川の次の将軍は誰かという権威争いにもつながるからだ。当然毒殺や虐待といった家庭内部の諍《いさか》いも存在した。そして子作りの相手となる男たちもまた、彼女たちの苦悩をともにした。

大奥の男たちと女将軍たちの関係は、子作りというその一点において、常に悲劇を呼んだ。しかし徳川家の後継者は徳川の者であれという血の呪縛が続く限り、そこから逃れられる将軍はいなかった。

産むことからの解放——『大奥』後半

だが、『大奥』の物語の中でも時代は進む。田沼意次《たぬまおきつぐ》の時代に開発された赤面疱瘡の予防法によって、男性の人口が増えていった。

この予防法を開発したのは、青沼という蘭学を学んだオランダ人、そして女性本草学者・平賀源内を中心とした、大奥の男たちだった。『大奥』という江戸幕府の長い物語に、「子作り」以外の光が射した瞬間だった。

青沼は自分がオランダ人であることでいじめられた経験から、家族は作らないと決めていた。平賀源内もまた、バイセクシュアルであり自分の子は作らない女性だった。

このようにある種『大奥』がテーマとしてきた「血」から外れた人々が、赤面疱瘡の予防法を発見する。この配置は偶然ではないだろう。子作りではないかたちで、国の未来を決定的に変えた人々。それが青沼であり、平賀源内だった。

そして幕末、もはや赤面疱瘡が言い伝えの病となったころ。徳川幕府の威光は大いに揺らいでいた。そして物語においても、『大奥』作中唯一、血の呪縛から逃れた女将軍が登場する。

物語の終盤の主役となる、家茂《いえもち》である。わずか14歳で女将軍の座についた家茂の正室として迎えたのは、和宮。公武合体のために嫁いできた孝明天皇の弟……のはずだったのだが、実際に迎えたのは、実際の和宮の姉にあたる女性だった。

家茂は、女性・和宮と家族になる。そして家茂は子を作らなかった。かわりに養子を迎えた。——これは史実でもそうで、家茂は公武合体のために嫁いできた和宮との間に子をなしていない。

「人の親になるのにその子の父と母でなくてはならない訳では決してないのだという事の証ではございませぬか!」

『大奥』はひとつのクライマックスとして、ここに辿り着く。はじめて読んだときはちょっと震えた。女性二人が、血を分けない子を迎える。「子を作る」ことにずっととらわれてきた『大奥』の女将軍は、はじめてそこから去るのである。

（『大奥17』）

「もしこれからは新しい時代の日本になると申すのなら　何も将軍が必ず血の繋がった我が子に跡を継がせずとも良いであろうし
まことに信頼に足る人物ならば夫婦《めおと》でなくても二人で人の子の親になっても良いではありませぬか！」

（『大奥17』）

家茂は言う。家族に必要なのは血ではなく、信頼なのだ、と。
ふたりは恋愛関係にあるわけではない。恋愛関係の二人が子を迎えるという婚姻関

よしながふみ『大奥 第十七巻』（白泉社）p181

係ではなく、結果的に「信頼し合っている女性が（結果的に）婚姻関係を結び、そして血のつながらない子を迎える」という形となる。

『大奥』という物語が、何代もの将軍たちの男と女の子作りの業を描き切り、そして辿り着いた場所は、「家族に必要なのは血でも恋でもない、信頼だ」という一点だった。

ちょっとあまりに美しく、同時に、最初からここを目指してこの漫画は描かれ続けていたのか、とはっとする。

産まずに子をつくってもいい。これは長い長いジェンダーSFの「なぜ私たちは

『産む性』なのか」という問いにもこたえる、一瞬の奇跡だったようにも思える。必ず子を産まなくてはいけない、なんてことはない。恋をしなくてはいけない、なんてことも、ない。そして子を産んでないからといって、否定される理由はなにもない。

そして少なからず自身の女性性に戸惑いを覚えていた歴代女将軍と違い、家茂や和宮は、自分が女性であることにかなりフラットなキャラクターだった。

家に必要なのは、血ではない。男性がいなくても、仕事をして、家庭をつくることは、できる。——徳川幕府という最も「血」でつながることが必要だった家庭で、そう結論づけた家茂の言葉は、この世界のジェンダーSF作品たちのひとつの終結点ではなかっただろうか。

すでに6巻で大奥総取締・右衛門佐は綱吉にこう叫んでいた。

「…生きるという事は　女と男という事は！　ただ女の腹に種を付け子孫を残し家の血を繋いでいく事ではありますまい！」

（『大奥　6』）

よしながふみ『大奥 第六巻』（白泉社）p53

『大奥』は、この一点を言いたかった、この話がしたかった物語だったのだ。『大奥』は、大奥という「子作りのためだけに人間が集められた場所」を、終わらせるまでの物語だったのである。

結局、史実通り家茂は急死し、徳川幕府は新政府に取って代わられる。男性の一橋慶喜が将軍の座に就いたものの、朝敵の汚名を着せられたことから、ほとんど逃げるようにして去る。そして新政府軍を率いる西郷隆盛は、主張した。「外国は男たちが統治しているのに、徳川は女たちが統治してきた。こんな恥ずべき歴史は、外国にばれないように即刻消すべきだ」と。こうして新政府軍は、女将軍たちの歴史を、完全に男の歴史として書き換えることに成功する。

明治時代、男性主導の新政府が発足する。そして女性は「妻になるため」の存在に完全に戻った。――現実と同じように。大奥の歴史を知っていたものは、誰もいなくなった。ジェンダーSFの魔法は解けた。女性たちはこうして、産む性に戻る。

しかし『大奥』は、それでも未来への希望を託す。最後のシーンで、ある女性と、天璋院篤姫《てんしょういんあつひめ》（男性）が出会う場面がある。ここで天璋院は、そっと秘密を打ち明ける。決して女性は、妻になり子を産むためだけに生まれてきたわけじゃない。女性たちが江戸の町を動かしていた歴史が、たしかにそこにあったのだ、と。

私たちは問う。なぜ私たちは、産む性として生まれてきたのだろう、と。産みたいか産みたくないかにかかわらず、人生そのものが、自分のためではなく出産のためにあるかのように扱われるのはなぜなのか。男とつがい、そして産み、育てるために、女らしくあることでしか、生き続ける能力を得られないとされるのはなぜなのか。そうであれない存在であると分かると、否定していい存在として扱われるのはなぜなのか。

そのように生まれてきたのは、なぜなのか。

萩尾望都も、山岸凉子も、アトウッドも、そしてよしながふみも、問い続けてきたのは、その一点ではなかったかと思っている。

『大奥』、読み始めたときはただの男女逆転SF歴史物語だと思っていたのだが、こんなにもジェンダーの問題をすべてまきとりながら徳川幕府の歴史を描く傑作だとは誰が予想しただろうか。ただただ、最初からよしながふみだけはこの最後の結末が見えていたことに驚いてしまう。

むしろ2021年でやっと、政治家のミソジニー意識や養子を迎えた家庭のことも話題になるようになったけれど、2004年連載開始時点でここを目指していたことがすごい。そして今回は大きく取り上げなかったパンデミックの流行とそのワクチン開発物語や、政治家の腐敗ストーリーなど、むしろ物語が完結した今っぽい話なのである。時代が『大奥』に追いついてきたのか、と言いたくなる。

いやしかし、追いついていない。全然追いついていないのである。家茂の提案は、天璋院が呟《つぶや》いた言葉は、いまだに日本で実現することが難しいのだ。

しかしそれでも私たちは子を産むためだけに生きているわけではない。もちろん子を作ることも人生の一部として存在する。でも子を産んだ人たちにとっても「そのために」人生が存在するわけじゃないだろう。そして子をつくっていない人が、そのことによって何かを否定されることもまた、あっていいはずがない。

よしながふみは、ずっと素朴な家族像というものへの抵抗を描いていた。『大奥』は、歴史という形を借りて、それを描き出した傑作だった。

それは長い長い女性に対する抑圧を男女逆転によって逆説的に照射し、そして抑圧されない未来へつながるように願う物語だったのである。

なぜ「平成の少女漫画」のヒーローは弱いの？

――平成少女漫画論

Contents & Girls

『美少女戦士セーラームーン』
→セーラームーン

『こどものおもちゃ』→紗南

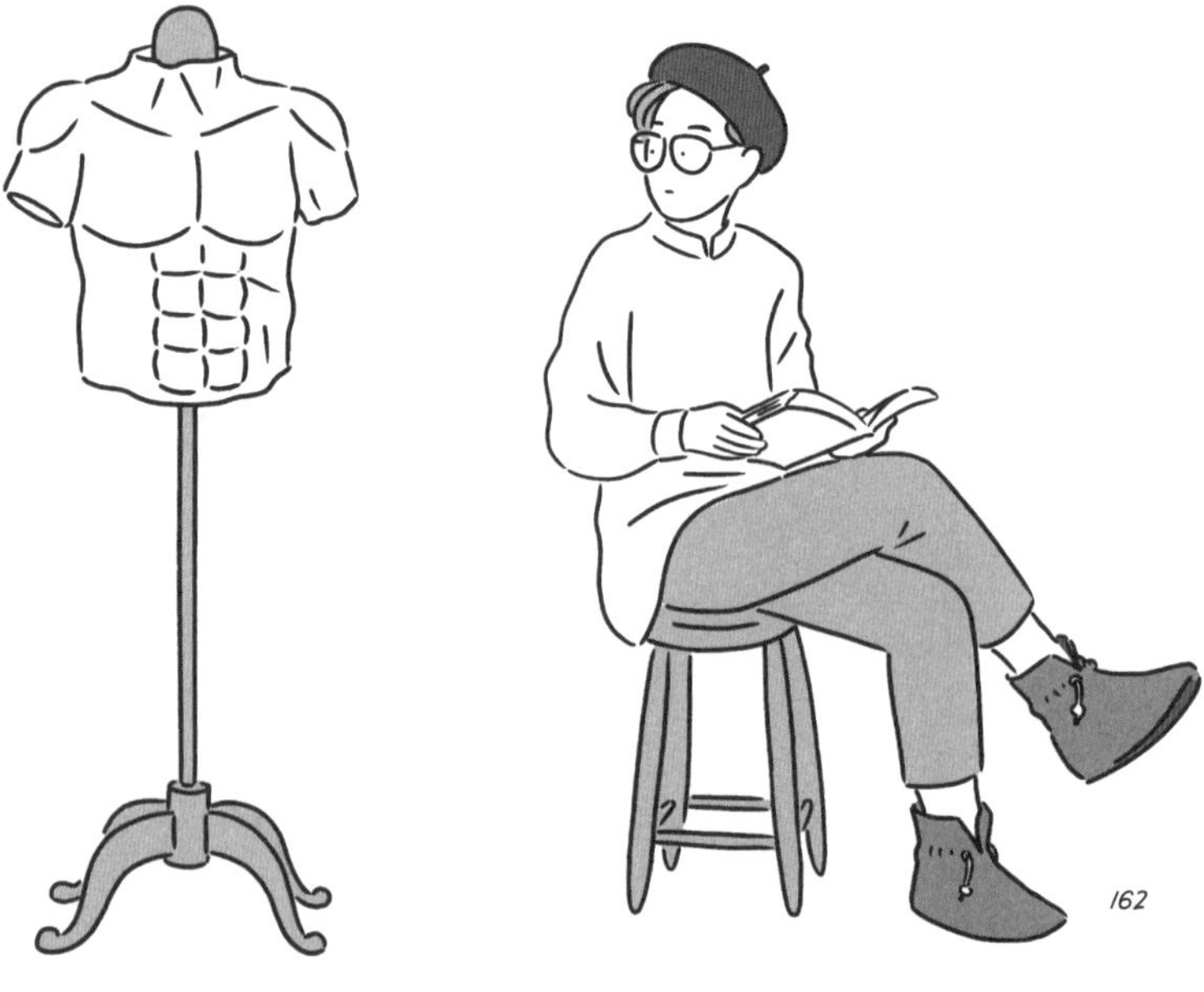

昭和から平成、少女漫画は変化する

平成の女の子たちは、「弱い男の子」に恋をした。

平成が終わって令和になった今、数々の少女漫画を片手に、そう言えるんじゃないだろうか。本章は一章まるまる使い、平成の少女漫画について分析してみたい。

平成が終わって令和になり、思う。

「最近、平成の少女漫画リバイバル多すぎだろ！」と。

まさか2010年代が終わろうとする今、『BANANA FISH』[1]や『フルー

[1]『BANANA FISH』2018年7月〜12月、フジテレビ系。原作漫画は吉田秋生『BANANA FISH』1985年〜1994年、小学館。ちなみに2018年にアニメ化されたのは、吉田秋生のデビュー40周年記念プロジェクトだったらしい。舞台化も何度もされている。アッシュはどこでも絵になる。

ツバスケット』[2]がアニメになるとは思わないし、まさか『ぼくの地球を守って』[3]、『ママレード・ボーイ』[4]、『カードキャプターさくら』[5]の続編が拝めようとは、まさか『GALS!』[6]の藤井みほな先生がツイッターに降臨するなんてー！　と、このあたりのタイトルに反応した人は、きっと平成の少女漫画好きではないだろうか。

少女漫画といえば、その流行が始まったのは昭和だ。もしリバイバルというジャンルが流行るのならば、昭和の漫画がリバイバルされてもよいのではないか。

しかし昭和の少女漫画を今読んでみると、主人公の女の子ではなく、相手役のヒーローに対してやや違和感を覚えてしまう。なんせ、完璧すぎる。女の子を助けてくれる存在としてのヒーロー。キラキラした王子様。「こんな男性おらんがな」とツッコミを入れたくなってしまう。野暮だけど。

ここで昭和の少女漫画論として有名な、作家の橋本治による『花咲く乙女たちのキンピラゴボウ』[7]の一節を紹介したい。

自らが女であることを認めた少女の前に存在するものは垣根である。そしてその向うには少女と全く別種の人間が存在する。それは、男である。

（「妖精王國女皇紀――山岸凉子論」『花咲く乙女たちのキンピラゴボウ（前篇）』）

橋本治が言いたいのは、こういうことだ。少女漫画を読むような女の子たちは、ある日気づく。いままで自分はただの人間だと思っていたのに、実は「女」という性を持っているのか！　と。

自分が「女」ならば、この世には「男」という性が存在する。というか、顔を上げてみると、むしろ世界は「男」のものだとさえ思える。じゃあ、私は、「女」という

2　1st seasonが2019年4月〜9月、2nd seasonが2020年4月〜9月、The Finalが2021年4月〜6月、テレビ東京ほかで放送された。原作漫画は高屋奈月『フルーツバスケット』1998年〜2006年、白泉社　3 日渡早紀『ボクを包む月の光』2003年〜2014年、白泉社　4 吉住渉『ママレード・ボーイlittle』2013年〜2018年、集英社　5 CLAMP『カードキャプターさくらクリアカード編』2016年〜、講談社　6 藤井みほな『GALS!』1998年〜2002年、集英社　7 橋本治『花咲く乙女たちのキンピラゴボウ』前篇・後篇、1984年、河出書房新社

性を持つしかない私は、どうやって生きていけばいいんだろう？　そんな逡巡《しゅんじゅん》をめぐる記録が少女漫画というジャンルなのだ。

たしかに橋本治が論じるような昭和の少女漫画は、今の少女漫画にも通じる「女性として成長する少女の揺らぎ」を描く。

そしてヒロインの少女たちの前に現れるのは、多くの場合、「白馬の王子様」幻想を全身に背負い込んだ完璧な男性たちだ。たとえば宗方《むなかた》コーチ（『エースをねらえ！』[8]）やミロノフ先生（『アラベスク』[9]）のような「父」の面影をもつ男性から、少尉（『はいからさんが通る』[10]）やアンソニー（『キャンディ♡キャンディ』[11]）のような「王子様」キャラまで。たとえ口が悪かろうと欠点があろうと、少女漫画のヒーローは、いつだって主人公を助けてくれる存在だった。

しかし橋本治が指摘した葛藤は、今見ると、ちょっと古いと感じる。「自分の性に対する戸惑い」なんて、本当に自分が持っていたか？　と考えると、どうなんだろうと首を傾げてしまう。それに白馬の王子様に守られたい願望とか、とくにない。

そんなふうに考える女の子たちが増えた結果が、平成の少女漫画だったのだろう。

だとすれば今振り返ってみれば、橋本治風に言うと、こう言えるんじゃないかと思う。少女漫画を通して、私たちは「男」ではなく「少年」と出会ってきたのではないだろうか。

平成と「弱い男の子」との出会い

平成が1989年に始まり、1991年（平成3年）から『美少女戦士セーラームーン』[12]は始まった。

『セーラームーン』は、「世界をすくうのは、強くてかわいい女の子なんだ」と提示

8 山本鈴美香『エースをねらえ！』1973年～1975年、1978年～1980年、集英社 9 山岸凉子『アラベスク』1971年～1975年、集英社、白泉社 10 大和和紀『はいからさんが通る』1975年～1977年、講談社 11 水木杏子原作、いがらしゆみこ作画『キャンディ♡キャンディ』1975年～1979年、講談社 12 武内直子『美少女戦士セーラームーン』1991年～1997年、講談社

する。ただ強くてかわいくないわけじゃない、弱くてかわいいのでもない。おしゃれして恋をしてかわいくなって、そのうえでみんなを守るために戦うのが、女の子なんだ、と。

当時の時代背景をふまえると、『セーラームーン』が提示した「美少女戦士」という発想が斬新だったことが分かる。しかしそれ以上に、原作漫画を読むとあらためて驚くのがこれだ。

「タキシード仮面、弱っ！」

タキシード仮面は、セーラームーンよりも明確に「弱く」描かれている。おそらく作者が意図的に、従来の男子戦隊モノにおける「姫」のポジションをタキシード仮面に受け渡そうとしたのだろう。戦闘ヒーローの物語を、くるりと男女逆転させてみせたのが『セーラームーン』だった。

『セーラームーン』の影響は、もちろんその後「戦う美少女たち」として続いてゆく。『カードキャプターさくら』（平成8年〜）、『神風怪盗ジャンヌ』（平成9年〜）[13]、『東京ミュウミュウ』（平成12年〜）[14]など、漫画を読みアニメを見る平成の小さな女の子は、皆まず「戦う女の子」を目にしてきたのではないだろうか。

同時に『セーラームーン』から始まった平成の少女漫画には、大きな転換点が訪れる。ヒーローが、「強い男」でなく「弱い少年」になってゆくのである。

平成6年に『こどものおもちゃ』、平成7年『彼氏彼女の事情』[15]、平成10年に『フルーツバスケット』、平成14年に『僕等がいた』[16]の連載が始まる。これらの作品の共通点を挙げるとすれば、「ヒロインが、恋をした少年の『心の闇』に関わってゆく」ことだ。

要は、このようなあらすじだ。

学校中の女の子が恋するイケメンあるいは学校を荒らすただの問題児に、ひょんなことから主人公は深く関わるようになる。彼に恋をして、仲良くなると、彼が過去に

13 種村有菜『神風怪盗ジャンヌ』1997年〜2000年、集英社 14 吉田玲子シナリオ、征海未亜まんが『東京ミュウミュウ』2000年〜2002年、講談社 15 津田雅美『彼氏彼女の事情』1995年〜2005年、白泉社 16 小畑友紀『僕等がいた』2002年〜2012年、小学館

トラウマを抱えていることを発見する。そして彼の心をどうにかすくえないものかと奮闘する。

このような物語類型が平成の少女漫画には広く流行した。

「ただの平凡なヒロインが、強くやさしいヒーローと結ばれる」ことをハッピーエンドとした昭和の少女漫画。しかし平成になると、少女たちは急に「えっ、ヒーローが引きこもりだしたんですけど!? えっちょっとまって、私のほう向いてよ！ まずはきみを外に引っ張り出すことから始めなきゃ！ ていうか私のほうが強くやさしくならなきゃ！」と焦り始めた。だって相手は、恋をする前にまず自分の過去に引きこもってしまうのだから。彼にうっかり恋をしてしまった平成のヒロインは、実際、読者も癒されるほどのヒーリングあるいはカウンセリング能力効果を身につけている。

宗方コーチもミロノフ先生も少尉も、平成にはもういない。彼らはいつのまにか、トラウマを背負った同世代の少年に取って代わられていた。

『こどものおもちゃ』と内面ヒーロー

ではなぜそのような描写が増えたのか。というより、実際に平成を生きた少女漫画の読者たちは、何をその物語に求めたのだろう。

少女漫画側から眺めてみたい。平成の不朽の名作『こどものおもちゃ』[17]を見てみよう。

『こどものおもちゃ』は、小学生女児向けの雑誌『りぼん』で連載されていたにもかかわらず、子役ブーム、学級崩壊、家庭内不和、離婚、シングルマザー等の社会問題を描く。『りぼん』の雰囲気とは裏腹のシビアな設定にもかかわらず、小学生ながら人気子役タレントである主人公をはじめとするキャラクターの底抜けの明るさと強さが多くの女の子の心を惹きつけていた。

17 小花美穂『こどものおもちゃ』1994年〜1998年、集英社この物語、序盤では『こどものおもちゃ』の主人公・小学生の紗南《サナ》は、同級生の問題児である羽山の家庭の問題に携わってゆく。が、その先で物語が進むにつれて、紗南自身も自分の過去にトラウマがあったことを発見する。

一見明るそうに見える紗南と羽山は、どちらも過去にトラウマや精神的な弱さを隠し持っている。つまり紗南と羽山は、自分たちの内面の発見を通して、恋愛関係になってゆく。ここから見えるのは「少年の弱さに目を向けた先で、自分の弱さを発見する少女の姿」だ。

『こどものおもちゃ』を読んでみると、平成の少女漫画に登場する主人公は、弱いヒーローに自らを投影していたのではないかと考えられる。つまり彼女自身の弱さがすくわれる気配がないことを悟り、まずは少年の弱さをすくっていたのではないか。

考えてみると、「白馬の王子様」というのは、一見かっこよくていい想いをさせてくれそうだけれど、その一方で、自分の内面に深く関わっているかと言われれば、そうでもない。

1990年代、つまり平成という時代の幕開けから始まる、アダルトチルドレンという言葉や精神分析等の思想の流行を鑑みても、「表面的な社会的ステータスなどの幸福だけでなく、内面に目を向けて幸福になりたい」という思想が広まっていた。その時、少女漫画ははじめて「男の子にも女の子の内面を見てほしい」「内面を深く理解しあった上で恋愛関係になりたい」「だけどなかなかそれは達成されないから、だったら自分が男の子の内面を見て彼の内面からすくうことのできるヒロインになりたい」という欲望を発見したのではないだろうか。

「自分の内面を受け入れてほしい」なんて欲望はもしかすると、ただお金持ちでやさしくてかっこいい白馬の王子様を発見するより、もっと難しいことかもしれないけれど。

私たちは少女漫画を読み、少女の欲望とその挫折を知る。平成が終わり、次の時代に変わってゆくとき、少女たちは何を夢見るのだろうか。

第三部

女性の物語の謎を解く
——テーマ論

なぜ2010年代になって大人数のアイドルが流行ったの

――2010年代アイドル論

Contents & Girls

AKB48

乃木坂46

欅坂46

日向坂46

2010年代のアイドルはネオリベの夢を見るか？

新自由主義、という言葉をよく聞くようになったのは、ここ数年のことのように思う。新型コロナウイルスが流行して、さらに聞く機会が増えた。

ネオリベラリズム、略してネオリベ。自己責任。個人主義。競争社会。全員が市場原理に巻き込まれ、市場価値が隅々まで行き渡った社会。だからこそ市場価値がないとみなされた存在が隅に追いやられてしまう社会。頑張らないと生きていけない、なぜなら市場はどんどん私たちを取り込んでくるからだ。

「わ、考え方がネオリベっぽい」と人々が言うとき、ネオリベという言葉はほとんどはポジティブな意味を持たない。それはあまりに自己責任を重視しすぎる、セーフティーネットのない競争社会を指向しているよね、という確認だからだ。

「新自由主義」というワードが指すのは、一般的に80年代のサッチャーやレーガンの時代の話だ。では日本はどうかといえば、たとえば社会学者の上野千鶴子は、小泉改革やその後の時代の格差拡大を伴う政策——つまりは2001年代以降の政策のことを「ネオリベ改革」として説明する[1]。

上野千鶴子の言う通り、ネオリベ的政策が誕生したのが2000年代だとすれば、その結果が私たち民衆の間に本格的に広まったのは、2010年代くらいではないか。

しかし私はネオリベについて書きたくてこの説明を書いているわけではない。私は2010年代のアイドルグループ流行の変遷——AKB48グループ、乃木坂46、欅坂46、そして2020年に台頭しつつある日向坂46——の軸は、「私たちが新自由主義とどう距離をとってきたのか」にあるのではないか、という仮説を立てたいのである。

なぜ彼女たちが流行したのか？　マーケティングがうまくいったから？　事務所がプッシュしたから？　それよりも、当時の日本のとくに若者を中心する人々の心の奥にある労働者的気分、つまりはネオリベ的なものと、アイドルのあり方が、近しかったことが大きいのではないか。

本章では、AKB48、乃木坂46、欅坂46、日向坂46の流行の原因を、「私たちが新自由主義的な気分をどう捉えてきたか」に求めてみる。今からほぼ10年前、2010

年代の初頭から思い出していただきつつ、アイドル流行的2010年代回顧論として笑っていただけると嬉しい。

AKB48と市場で傷つく少女たち――いや女子高生にドラッカー読ませるなよ

ところであなたは2010年代の幕開け、ベストセラーになった本を覚えているだろうか。

岩崎夏海《なつみ》の『もし高校野球の女子マネージャーがドラッカーの『マネジメント』を読んだら』[2]だ。AKB48の前田敦子主演で映画化もされている。2009年の暮れ

[1] 上野千鶴子『女たちのサバイバル作戦』(2013年、文春新書)参照。[2] 岩崎夏海『もし高校野球の女子マネージャーがドラッカーの『マネジメント』を読んだら』2009年、ダイヤモンド社

に発売され、２０１０年のベストセラーになった。

　そして同じく２０１０年のオリコンＣＤシングル年間売り上げランキング１位はＡＫＢ48の『Beginner』、２位は『ヘビーローテーション』、３、４位が嵐で、５位が『ポニーテールとシュシュ』である。名実ともにＡＫＢ48[3]がトップアイドルになった２０１０年。ベストセラーになった本は、『もし高校野球の女子マネージャーがドラッカーの『マネジメント』を読んだら』だった。しかしこの本をあらためて読んでみると、大変ネオリベ的なのである。

　弱小野球部のマネージャーになった女子高生が、ドラッカーの『マネジメント』を読み、企業のマネジメント制度を野球部に使用することで勝利へと導く物語。そこにはたとえば「野球部にとっての顧客って誰なのかな？」「観客じゃないかな」なんて会話が登場する。「マネージャーは顧客や従業員のニーズをくみとって、組織の目的を定めなきゃ」と、主人公の女子高生みなみちゃんはマーケティングを学ぶ。

　しかし冷静に立ち止まると、野球部は企業ではない。野球部は、当然だが企業のように、誰かに価値を提供するための組織ではない。学生が野球をするための場だ。だけど本書はそこに、強引に「価値を提供する相手」を登場させる。そして読者に「なるほど、じゃあ今の自分にとっての顧客って誰だろう」と考えさせる。

新自由主義、ネオリベラリズムの特徴は、私たちを一人残らず、市場に引きずり込むことだ。誰もが競争社会の一員で、本当は競争しなくていいはずの場所ですら、すなわち福祉が守る場所ですら、競争させられる。そして生き残るための努力をしなければ生き残れない、というシステムに巻き込む。

野球部が無理に「顧客」を設定したように、私たちもまた、必要以上に「顧客」を設定させられる。本書が2010年に流行したのは、そんな「ふつうの女子高生も、あなたも、みんなマーケティングを学んで、市場に適応していきましょうね！」という空気をうまく汲《く》んだからではないだろうか。

3 AKB48。2005年から活動を開始したアイドルグループ。秋元康プロデュースと、秋葉原に専用劇場を持ちそこで公演を行うことが特徴。「会いに行けるアイドル」というコンセプトを打ち出し、「握手会」や「センター」「選抜制度」など、2010年代以降のアイドルグループの基礎フォーマットを作った。なおメンバーの人数は48人ではない。

そしてこのいかにもネオリベ的物語の映画化にAKB48がキャスティングされたのは、決して偶然ではないと思う。ちょっとださい言い方になってしまうが、AKB48は、「新自由主義のなかで誕生したアイドル」だからだ。

モーニング娘。や松田聖子や山口百恵といったアイドルたちとは違う、AKB48の大きな特徴といえば「大勢の女の子を集めて、競争させる」というフォーマットだ。想像以上に、AKB48のメンバーは「市場のニーズを汲んで自分で自分をプロデュースすること」を求められる。大人がキャラを作って、それに則《のっと》った発言をするようなアイドルではない。自分で自分を売り出すアイドルだ。そしてその結果が、ファンの握手会や総選挙といった「市場」の売り上げに反映される。SNSも本格的に流行り始めた時代だったため、AKB48のメンバーは、今でいうインフルエンサーの先駆けのような、SNSやブログを使ってファンを自分で増やすアイドルでもあった。

たとえばAKB48のメンバーは人数が多いため、歌番組などでもほとんど自分でメイクをするらしい。韓国のアイドルは髪型までプロデューサーが決めるという話を聞くが、AKB48は自分で本番のメイクまでする[4]。

握手会の券を買ってもらい総選挙でどうやって得票するか自分で考え、そして順位をつけられることに傷つきながら、それでも自分の夢を追いかける。いかにも新自由主義的な競争社会で生きる少女たち。それがＡＫＢ48のコンセプトだった[5]。

総選挙のスピーチも朝の情報番組で放映されたり、過酷なステージ裏がうつされたドキュメンタリー映画が話題となったりと、絶え間ない競争社会できりきりと踊る少女たちの姿はたしかに人気を博した。『DOCUMENTARY of AKB48 Show must go on 少女たちは傷つきながら、夢を見る』[6]は、そんな彼女たちの姿がこれでもかと詰

---

4 ちなみに、ＡＫＢ48グループの卒業生は、意外と経営者として成功しているメンバーが多い。もしかするとこうした市場の需要をなんとなくつかむ素地ができているからかもしれないな、と思う。5 英文学者の三浦玲一は、「市場原理にさらされるなかで献身とコミュ力でサヴァイヴしていくさまが日々実況中継されるＡＫＢ48の姿は、まさしく現代の労働者の姿の比喩になっていることが分かるだろう」と説明する。（「ポストフェミニズムと第三波フェミニズムの可能性：『プリキュア』、『タイタニック』、ＡＫＢ48」『ジェンダーと「自由」理論、リベラリズム、クィア』）6『DOCUMENTARY of AKB48 Show must go on 少女たちは傷つきながら、夢を見る』２０１２年、東宝。ＡＫＢ48は、ドキュメンタリー映画を定期的に作成する。なかでも最も話題になったのがこの映画。ライブの裏側で過呼吸になったり倒れたりしながら、過酷なアイドル活動を続ける姿が収められている。

め込まれたドキュメンタリー映画であり、見るとその競争のあり方に彼女たち自身、自覚的であったことが分かる。

ではなぜ彼女たちの市場で傷つく姿は、こんなにも広まったのか。それは私たち自身が市場で傷つく姿を投影していたからではないか。AKB48の少女たちが夢を見るとき、市場で戦い、傷つくことを求められる。それは、お茶の間にいた私たち自身が、市場で傷ついていたからではないのか。

雑に時代論を言ってしまえば、当時は冒頭に述べたようなネオリベ政策の影響で、格差も仕方ない、順位が下の人間は非正規雇用も仕方ないのだと言われ始めた時代だった。そのことに私たちは、知らないうちに、傷ついていたのではないだろうか。市場でないがしろにされることに傷ついていたからこそ、私たちは市場に傷つき、だけどそれでも夢を見る少女たちに、自分を投影し、惹かれていたのではないか。

ちなみに非正規雇用の女性が主人公である津村記久子の小説『ポトスライムの舟』[7]が芥川賞を受賞したのは2008年、企業を舞台にした池井戸潤の小説『下町ロケット』[8]が直木賞を受賞したのは2011年、就職活動をテーマとした朝井リョウの小説『何者』[9]が同じく直木賞を受賞したのは2012年。どうもこのあたりの2010年代初頭で、2000年代以前に流行った愛や恋といったテーマとは異なって、「労働や市場＝お金を稼ぐことが、自分たちにとって重要な文学的テーマだ」とみんな勘づいていたのではないだろうか。アイドルだって、労働する少女だ。

乃木坂46と市場からの逃走
——逃げ恥とコンビニ人間の2010年代中盤

2011年に結成された乃木坂46[10]が、はじめて『サヨナラの意味』でミリオンセ

7 津村記久子『ポトスライムの舟』2009年、講談社 8 池井戸潤『下町ロケット』2010年、小学館 9 朝井リョウ『何者』2012年、新潮社 10 乃木坂46。2011年から活動を開始したアイドルグループ。AKB48と同じ秋元康プロデュースだが、所属レーベルはソニー（AKB48はキングレコード）であり、AKB48と異なる路線であることが重要視される。乃木坂46、欅坂46、日向坂46を合わせてのちに「坂道グループ」と呼ばれるようになる。

ラーを生み出したのは２０１６年のことだった。

前年の２０１５年に『君の名は希望』で紅白初出場。２０１７年に『インフルエンサー』でレコード大賞。つまり乃木坂46の躍進と流行は、２０１０年代中盤の出来事だった。

乃木坂46のメンバーを追いかけたドキュメンタリー映画『悲しみの忘れ方 Documentary of 乃木坂46』[11]を観ると、画面に映る美少女たちには一貫した物語があることに気づく。それは「乃木坂に入る前は、居場所を見つけられなくて孤独だったけど、乃木坂に入ることで居場所を見つけられました」という物語だ。

彼女たちの物語は常に「乃木坂46が、外界では見つけられなかった私の居場所だ」という言葉に支えられる。ＡＫＢ48グループがむしろ外界から隔離された競争の場だったのとは正反対だ。つまりＡＫＢ48グループはそのフォーマットそのものが「争うべき市場」だったのに対して、乃木坂46のメンバーは、どこか乃木坂という場を「争って傷つかなければいけない市場からの逃げ場」として見ている。

秋元康が作成する歌詞もまた様相が異なる。ＡＫＢ48グループの曲が『Beginner』

や『RIVER』のような戦う少女たちの歌詞だったのに対して、乃木坂46には『君の名は希望』『シンクロニシティ』のような、誰かに寄り添う主人公を描いた歌詞を提供することが多い。おそらく彼女たちの発言やグループとしての特徴を捉えてのことだろう。

外の世界では孤独を感じていた美少女たちが、はじめて見つけた居場所。それが乃木坂46という物語だった。

このグループが2010年代の中盤で流行したのは、これが時代に合った物語だったからだと考えられる。

TBSドラマ『逃げるは恥だが役に立つ』[12]が爆発的に人気になったのは、乃木坂46がミリオンセラーを出した2016年のことだった。また同じく2016年、『コンビニ人間』[13]が芥川賞を受賞し、ベストセラーとなる。2016年に流行したこの

11『悲しみの忘れ方 Documentary of 乃木坂46』2015年、東宝 12『逃げるは恥だが役に立つ』2016年10月~12月、TBSテレビ系 13 村田沙耶香『コンビニ人間』2016年、文藝春秋

二つの作品に共通したテーマは、まさしく「市場からの逃走」だ。

うまく恋愛市場に乗っかれない、うまく就職市場に乗っかれないふたりが邂逅《かいこう》し、知恵と工夫をもって居場所をつくっていく「逃げ恥」。普通に生きてたら人とうまく関われないが、コンビニという決まったオペレーションに守られた空間ならばちゃんと居場所を見つけることができる『コンビニ人間』。どちらも、「自由に競争しろといわれたらうまく乗り越せない人々が、あえて自由な市場から逃げることで、自分の居場所を見つける物語」である。

だから平匡《ひらまさ》はアプリで恋人を見つけないし、みくりは普通の就活だったらなかなか職を見つけられないし、古倉《ふるくら》はコンビニを「はじめて人間として誕生した」空間だと感じる。同じように、乃木坂46のメンバーもまた、殺伐とした元の場所から逃げて、乃木坂46という居場所を見つける。そしてファンもまた、少女たちが仲の良いユートピアのような空間を、乃木坂46に見出す。

自由に競争しろって言われるこの市場から、逃げたい。そしてどこか安心できるところで居場所を見つけたい。――そんな私たちの欲望が、「逃げ恥」を、『コンビニ人間』を、そして乃木坂46を、発見せしめたのではないだろうか。

欅坂46とフリーランスの孤独——黙ってたらトランプ政権

2016年に『サイレントマジョリティー』という曲で一躍トップアイドル集団に躍り出たのが、欅坂46[14]というグループだった。

じわじわと人気を爆発させていった乃木坂46を横目に、欅坂46が一躍有名になったのは、『不協和音』という曲が流行した2017年、2010年代も終盤に差し掛か

14 欅坂46。2015年から活動を開始したアイドルグループ。乃木坂46の妹分として秋元康プロデュースで結成。AKB48や乃木坂46のようなキラキラしたアイドルのイメージを壊すような、強気の歌詞が人気になり、デビューから毎年紅白に出場していた。

っていた。

欅坂46の曲の歌詞は、常に主人公が「集団」との軋轢《あつれき》と孤立を繰り返す。歌詞の主人公は『サイレントマジョリティー』で「集団から独立し、一人になって声をあげろ」と言われ、『不協和音』で「僕は集団に対してNOを言う」と宣言している。しかし『アンビバレント』では「一人でいたいけど、やっぱり一人ではいられない」と愚痴を言い、『黒い羊』に至っては「集団にNOを言って一人になるのはつらい……」と弱音を吐く。そして欅坂46最後の曲『誰がその鐘を鳴らすのか?』では「誰もまだ鐘を鳴らせていない＝集団に本当の意味でNOをつきつけられた人はいない」ことを知らせる。

いかにも日本的な、同調圧力に対してどうやって個人を守るのか？　という物語にも読める。古くは夏目漱石などがテーマとしてきた、日本らしい主題である。しかし一方で、新自由主義という「個で自由に競争せよ」と言われ続ける社会が浸透してきたからこそ、欅坂46の歌詞は当時こんなにも若者に刺さったのではないだろうか。

２０１０年代後半から終盤、働き方改革と声高に叫ばれ、「副業」や「フリーランス」といった働き方がもてはやされた。会社や組織に頼らず、個で稼げ、と説かれる。それはまるで欅坂46の歌詞のように、「個であれ」と私たちは命令され続ける。自分の意志を持て、グローバル化社会のなかでうまく市場を乗りこなせ、ブラック企業に搾取されるな、株とか投資とかちゃんとやって自分の老後資金は自分で稼げ、集団に頼るな、と。

しかし同時に、集団から離れるのは、つらいのだ。

ほんとは会社のなかで白い羊のように群れていたい。働いてたら自動的に年金で暮らせるようなシステムに取り込まれていたい。長いものに巻かれたい。大きなものに守られたい。

でもその「大きなもの」すら、もう見つからない。乃木坂46のように、私たちだけの居場所だなんてやさしくて贅沢な空間、どこにも見つからない。美少女がお互いを慰め合うのなんてテレビの中のファンタジーであって、本当はもっともっと切実に、個で生きるのは、集団から離れるのは、しんどい。――そのしんどさを、欅坂46は、平手友梨奈《ひらてゆりな》さんという「個」をスターとしながら、彼女が集団の中で苦悩する姿とともに歌った。

就活や会社でつらいときに『不協和音』を聴いた、という話を私はたまに聞く。それは、のほほんと労働することを許されない、黙っていたら組織に搾取されてしまうが、総選挙で上にのし上がる＝市場を乗っ取るほどの気力もない、そんなそれぞれの「個」の姿ではなかったか。

欅坂46が流行した2016年から2019年は、ちょうど社会情勢で言えば、トランプ政権・安倍政権の時代とそのままかぶる。2018年には『万引き家族』[15]がカンヌ最高賞を受賞、2019年には『パラサイト』[16]が公開されていたが、どちらも社会のなかで取り残された「個」の存在を描いていた。社会における「集団」と「個」のバランスが崩れてゆく、そんな時代の産物が、欅坂46だったのではないだろうか。

日向坂46と冷たい市場のささやかな幸せ——炭治郎もNiziUも目指すもの

そして2010年代は終わり、2020年。新型コロナウイルスは流行し、トランプ政権も安倍政権も終了し、2009年から連続出場していたAKB48は紅白歌合戦に出場せず、欅坂46の平手友梨奈さんはグループから脱退し欅坂46というグループ自体が消滅し（「櫻坂46」に改名）、そしてなにかの時代を終わらせるかのように乃木坂46のトップアイドル・白石麻衣さんも卒業した。2020年、世間的には新型コロナウイルス一色の年だったのだろうが、私としては、なんだかAKBも乃木坂も欅も、2010年ごろから脈々と続いていた一時代が一区切りついたような、それが2020年であることがなんだか必然だったような、不思議な気持ちだった。

15『万引き家族』2018年、ギャガ 16『パラサイト 半地下の家族』2019年、韓国しかしそんなコロナ禍において流行したグループとして、乃木坂46、欅坂46の妹分である日向坂46[17]が存在する。

日向坂46は、「けやき坂46」という欅坂46のアンダーメンバーだったグループが改名し、2019年に生まれた。

曲を聴いてもらえたら分かるのだが、彼女たちの曲に、思想性はとくにない。「ハッピーオーラ」をコンセプトとする日向坂46の歌詞は、とにかく「恋したときた」「好き！」という彼女たちの明るさを照らすものになっている。前述した欅坂46の歌詞とは対照的だ。しかしその明るさこそが、むしろ今の時代に求められているものなのか、と考えられる。

この歌詞を読み解くのに、同時期の2020年に大流行した少年漫画『鬼滅の刃』[18]を参照したい。この作品の主人公である炭治郎は、とにかく優しく、繊細だ。もう誰も死なせない、という台詞《せりふ》もあったが、炭治郎は、自分の夢のために努力をするわけではない。彼は「誰も死なせない」ために努力を重ねる。ここに新自由主義という補助線を張ると、彼はぼーっとしてたら、努力しなければ、弱いままでいたら、お金がなければ、搾取され、自分の大切な人まで奪われることを知っている。だからこそ強くなるために努力する。それは決して、自分の夢のためなんかではない。家族で暮らすというささやかな幸せのためだ。

日向坂46もまた、市場のなかで大それた自分の夢をかなえることなんて歌わないのだ。個になれなんて言わない。キュンときた隣の席のかわいいきみに、ハッピーにしてもらえたら、それだけで充分なのだ。

だから日向坂46はひたすら「ハッピーオーラ」だけを届ける。乃木坂46や欅坂46と比較すると日向坂46はバラエティ番組で活躍するメンバーが多いのが特徴的なのだが、バラエティ番組という「ただ笑うことを目的とする」フォーマットを得意とするのも、なんだかますます、ひたすら明るい日向坂46という一面を特徴づけているように見え

17 日向坂46。2015年から「けやき坂46」名義で活動し、2019年に「日向坂46」にグループ名を改名。デビューは2019年。なおやっぱりメンバーは46人いない。
18 吾峠呼世晴『鬼滅の刃』2016年〜2020年、集英社

る。

新自由主義という冷たい風が吹く現代、しかもコロナウイルスの流行によってますます殺伐とする２０２０年。だからこそ日向坂46は、陽射しのあたる場所を作る。あえて思想の入り込まないひだまりを。そこだけはあたたかい、ハッピーオーラにあふれた、明るい空間を。だから笑いにも特化する。

同じく２０２０年に流行したアイドルグループN・i・z・i・U《ニジュー》[19]の曲も『Make you happy』というタイトルで、奇しくもテーマはほとんど日向坂46とかぶる。きみを幸せにするよ、笑っているのがいちばんだよ！　と。目指す場所は、ただの幸せ、だ。

もう誰も、市場で誰かが傷ついたり、出し抜いたりするのを見たくない。そんなの、現実でお腹いっぱいだ。せめてアイドルくらいは、楽しくやさしく明るくあってくれ。

そう私たちは欲望する。

秋元康の手腕じゃなくてさ

ここまで書いてきたら、きっとこう思われるだろう。「いやこれ全グループのプロデューサー・秋元康のマーケティングじゃないの」と。48、46グループって秋元康グループでしょ、秋元康がみんなの需要をマーケティングした結果、こんなふうに需要に応えるアイドルがつくられたんじゃないのと。

しかし私は、たしかに秋元康マーケティングもあるだろうが、一方で、意外と「少女たちをたくさん集める」という力学によるものではないかと思っている。というのも、48、46グループのファンでいればいるほど、秋元康の場当たり的な、ある種放送作家的な「とりあえずフォーマットを用意して、その場で演者たちが動くさまを見て、

19 NiziU。2020年から活動を開始した9人組のアイドルグループ。日本のソニーミュージックと韓国のJYPエンターテインメントによる共同プロジェクト「Nizi Project」で選ばれ結成。

いちばん面白そうな線を採用する」手法を見る。たとえば乃木坂46や日向坂46が、述べてきたような路線のアイドルグループにしようと思ってつくったグループだとは思えない。少女たちのキャラや、人気の出るタイミングを見ながら、「こんな歌詞はどうかな」「こんなコンセプトはどうかな」とあくまで場当たり的にプロデュースしているように見える[20]。

どちらかといえば、少女をたくさん集めることによって、市場――つまりはファンやオタクや世間なわけだが――にいま誰が好きかを決めさせる。その市場の感覚を重視することが、新自由主義時代のアイドル像とハマったのではないかと思う[21]。

今後どうなるかは誰にも分からない。しかし2010年代には、たしかにたくさんのアイドルたちが、新自由主義の冷たい風が吹きすさぶ日本で、私たちをすくおうとしてくれたのだと、当時を振り返ると考えてしまうのだ。

20 もちろん、たとえば映画やドラマに出演させたり、バラエティや写真集を用意したり「人気の起爆剤となる」場を作ることはしている。が、コンセプトにおいてはものすごく曖昧に進めているように見えるし、欅坂みたいな、最初から物語がはっきりしているグループは例外的だ。21 たとえば「もう誰がセンターか、ファンに決めてもらおう！」とＡＫＢ48の総選挙が始まったエピソードは有名だ。

なぜ娘の結婚はホームドラマの題材になるの

——長女の結婚と日本の家庭

Contents & Girls

『細雪』
→雪子

『麦秋』
→紀子

『寺内貫太郎一家』
→静江

長女は結婚しない――『細雪』『麦秋』『寺内貫太郎一家』

長女は結婚しない。

……というと、いささか語弊がある。というか語弊がなくては困る。私こそが長女だからである。結婚する気、大ありだ。しかしそれはそれとして、日本で描かれる家族の物語において、なぜか長女は結婚しない。

さすがにこう言い切ってしまうと、山ほど例外があるのは分かっている。しかし、多いのだ。「長女は結婚しない」物語の系譜が、なぜか脈々と日本のホームドラマには受け継がれている。

例を出してみないと始まらないだろう。まずは近代日本の家族小説の原点、谷崎潤一郎の『細雪』。四姉妹の物語で、三女・雪子の結婚をめぐる物語だ。

「えっ、『細雪』の長女は結婚してるでしょ？　子どもも作ってるじゃん。次女も結婚してるし」

そう思われるかもしれない。たしかにそれはそうだ、初っ端から例外で恐縮である。

しかしこの『細雪』、次女の幸子のモデルは、谷崎の妻だったらしい。作品を読めば分かるのだが、どちらかというと長女・鶴子と次女・幸子は母親・おばポジションとして描かれる。実際、鶴子は母親代わりに雪子や四女・妙子の世話を焼いてきたと綴られる。おそらく谷崎が娘世代として描いたヒロインは、雪子と妙子の姉妹だ。

だとすれば、物語としての長女＝「姉」のポジションは雪子にあり、次女＝「妹」のポジションは妙子にある。

『細雪』は、長女（雪子）が、結婚について母（鶴子・幸子）と妹（妙子）から急《せ》かされる話なのだ。

作中、雪子はなかなか結婚しない。そんな様子を、周りは歯がゆく見ている。なんでそんなに頑固なのよと言われつつ、縁談を重ねるが、首を縦に振らない雪子。そんな雪子の結婚事情と、妙子をはじめとする姉妹たちの物語と関西文化を重ねて描いたのが、『細雪』という物語だった。

そして『細雪』から時代は下る。日本の家族を撮り続けた小津安二郎の映画が、執《しっ》拗《よう》に描いたのは「長女の結婚」であった[1]。

たとえば『晩春』[2]、『麦秋』、『彼岸花』[3]、『秋日和』[4]、『秋刀魚の味』[5]。

小津は繰り返し、長女が結婚しない様子を描く。昭和の家庭で交わされる会話をフィルムに収めながら、なぜか、執拗に「長女は結婚しない」様子を追いかけていた。

とくに『麦秋』の紀子の様子といえば、どこか『細雪』の雪子とも通ずるものがある。結婚、うーん、したいようなしたくないような、と腹の内を見せない娘の姿。しかしそんな呑気なことを言っていいのかと急かす周囲の家族たち。その落差がコメディになっていて、ホームドラマとしては面白い。小津映画の場合は、とくに父親が娘を心配しがちなのも特徴的かもしれない。

---

[1] 内田樹（２００８）は「小津安二郎は『晩春』も『麦秋』も『秋刀魚の味』も『秋日和』も『彼岸花』も秀作はことごとく「娘を結婚させる話」である。これらの映画の過半は「縁談」にかかわる会話で占められている（『秋日和』に至っては90％がそうである）」と指摘している。（内田樹「『秋日和』と『すーちゃん』」内田樹の研究室、２００８年9月14日、http://blog.tatsuru.com/2008/09/14_0731.html） [2]『晩春』１９４９年、松竹 [3]『彼岸花』１９５８年、松竹 [4]『秋日和』１９６０年、松竹 [5]『秋刀魚の味』１９６２年、松竹

小津はなぜこんなに娘の結婚話に興味があったのだろうか。それはもしかすると、昭和の家庭というものを描き出すとき、「娘の結婚」というテーマが、最もその中身を引き出すことができる、と踏んだのではないだろうか？　そんな仮説を考えてしまう。

そしてまた時代を下り、ホームドラマの元祖ともいえる向田邦子脚本のドラマ『寺内貫太郎一家』[6]もまた、「長女は結婚しない」話であった。

『寺内貫太郎一家』は、足の障害を負う長女・静江の結婚話（2では節子の結婚話）を皮切りにして物語が始まる。

向田邦子が選んだホームドラマのはじまりのエピソードも、「長女の結婚」だった。もちろんそこからさまざまな家族の日常、近所の人々との交流が描かれる。しかし昭和を代表するホームドラマにおいても、長女が結婚するかしないか、という話を騒動のはじまりに持ってくるのだ。

小説、映画、ドラマ。昭和を代表する日本の「家族」を描いた物語のそのどれもにおいて、長女の結婚が大きなテーマになっている。

なぜここまでして、日本の長女は結婚しないのか？　——谷崎、小津、向田という昭和の才能三つ巴《どもえ》が描いた題材となると、その理由を探ってみたくなる。

苦笑する長女たち——『細雪』と『麦秋』を例に

正直、ホームドラマにおいて「長男が結婚しない」ことが主題になる物語を、私は寡聞にして知らない。

想像してほしい。家族が子どもの結婚についてわいわいと騒ぐとき、お見合いだなんだと持ってきて「はやく結婚しろよ」と言う対象は、なぜか娘が思い浮かぶ。

実際のところ、昭和の家庭において、長男と長女もどちらも結婚しなくて困る度合いは変わらないはずだ。娘にお見合いがやってくるのなら、同時にどこかの家の息子

6『寺内貫太郎一家』1974年1月〜10月、TBSテレビ系

が相手としてやってくるわけだから。もちろん長女のほうが結婚すべき年齢がはやく、初めての結婚だから焦る、という事情はあったかもしれない。しかし兄妹のきょうだいならば、兄のほうが結婚適齢期がはやいという場合も多々あっただろう。しかしなぜか日本のホームドラマは「娘」の結婚に焦点が当たる。なかなか結婚しない娘と、心配する父と母、そして呆れるきょうだい。この図式が日本のホームドラマにおける、娘の結婚騒動の定番だった。そして肝心の娘の態度が、『細雪』と、『麦秋』で、どこか似通っているところに注目したい。

が、雪子にしても、お腹の中ではっきり「否《いや》」にきまっていることなら、早くそう云えばよいものを、どうとも取れるような生返事ばかりしていて、いよいよとなってから、それも義兄や上の姉には云わないで、幸子に打ち明けたのは、一つには余りにも熱心な義兄の手前、云い出しにくかったせいもあろうが、そう云う風に言葉数の足りないのが、彼女の悪い癖なのであった。そのために義兄は内心否でないものと感違いをし、先方も見合いをしてからは、急に乗り気になって是非にと懇望して来ると云う訳で、話は退《の》っ引きならない所まで進んだのであったが、一旦「否」の意志表示をしてからの雪子は、そうなると義兄や上の姉が代る代る口を酸《す》くして頼むようにして勧めても、最後まで「うん」ということを云わないでしまった。

（『細雪（上）』）[7]

佐竹「お……（と受けて）ちょうどよかった、ちょいと話があるんだ。――ねえ君……」

紀子「なんですの？」

佐竹「どうだい、お嫁にいかないか？」

紀子「……？」（笑っている）

7 谷崎潤一郎『新装版　細雪』（角川文庫）より引用、2016年、初出は1943年。

佐竹「いけよ、好い加減に……、いいのいるんだ」
紀子「………」（ニコニコしている）
佐竹「おれのちょいと先輩で、やっぱり商大出た奴でね、長いことカルカッタに行ってたんだ。真鍋って、なかなか出来る奴なんだよ。――童貞のほどは保証しないが、初婚なんだ。おお写真があるんだ」
と鞄を取って、四、五枚の写真を出し選ぶ。
佐竹「よくわかンねえな――（と中から一枚）――こいつだよ（そしてまた一枚――）これもそうだ」（と出す）
ゴルフの写真で、クラブを構えてうつむき、二枚とも全然顔がわからない。
佐竹「ゴルフもおれよりうまいし、男前も……おれよりちょいといいかな」
紀子（笑いながら時計を見て）「あたし……」
佐竹「なんだい？」
紀子「ちょいと人を迎えに行かなきゃなりませんから……」
佐竹「なんだい、逃げるなよ」

紀子「いいえ、母たち歌舞伎へ来てるもんですから……」

（『麦秋』）8

娘たちはためらいがちに微笑む。まだ結婚なんてしたくないのだとお腹の中に本音を隠しているようにも見える。しかし「結婚なんてしない！」と啖呵《たんか》を切ったりもしない。『細雪』の雪子と、『麦秋』の紀子の振る舞いには、やはりどこか似たものを見出したくなる。なんとかぼんやりかわす姿勢がそっくりだ。『細雪』では結局この後、義兄が雪子の結婚を諦める。

今度は泉下の養父にも喜んで貰《もら》えると思ってかかった縁談であるだけに、義兄の失望は大きかったが、それより困ったのは、先方に対し、仲に立って斡旋《あっせん》してくれた銀行の上役の人に対し、今更挨拶のしようがなくて冷汗の出る思いをした

8 野田高梧・小津安二郎『麦秋』2018年、浪漫堂シナリオ文庫。映画公開は1951年、松竹。

こと、――それも、尤《もっと》もに聞える理由があるならばだけれども、顔が知的でないなどと下らぬ難癖をつけて、こんな、二度とありそうにもない勿体《もったい》ない縁を嫌うと云うのは、ただ雪子の我が儘《まま》で、邪推をすれば、故意に兄を苦しい立ち場に陥れてやろうと云う底意があるのではないかとさえ、取れないでもなかった。

（『細雪（上）』）

義兄からみれば雪子は「下らぬ難癖」から、結婚を拒否する。

しかし、結婚相手を精査することが、たとえ理由がなんであれ下らないこととひとことで片づけられるのは、乱暴だと感じないだろうか。もちろんこれは現代的な感覚であって、『細雪』の時代のものではない。では逆に当時の感覚とは何かを考えてみると、『細雪』のような物語は、「まずは夫がどういう人かよりも、結婚することが重要視されていた」時代の産物だったのだと分かる。

「母性」を拒否する娘たち
──『成熟と喪失──"母"の崩壊──』

ホームドラマにおいて子どもの結婚が主題に挙がるのは不思議なことではない。なぜなら子どもが結婚という形で家族から抜け出すことによって、はじめてそこにあったひとつの家族という共同体の輪郭が見えるから。誰かがチームから抜けようとするとき、はじめてそのチームの姿が明瞭になる。それが家族の描き方なのだろう。

しかしだとしても、なぜ「娘」なのか。なぜ息子ではないのか。

この問いを解くために、一冊の本を補助線として引きたい。批評家・江藤淳の『成熟と喪失──"母"の崩壊──』(初出1967)[9]だ。本書は戦後日本の小説を取り上げながら、日本の母性のあり方について分析した文芸評論集である。

[9] 江藤淳『成熟と喪失──"母"の崩壊──』1993年、講談社文芸文庫

日本の家族というものにおいて最も重要な存在は、「母親」である。江藤は『成熟と喪失』のなかでそう指摘する。

母親といっても、「子の母親」という意味だけではない。「妻が夫の母親になる」、という意味でもあるのだ。

日本の妻たちは、どうしても母に同化してしまう。江藤は安岡章太郎の『海辺の光景』[10]などの小説を挙げながら、そう述べる。どうしても、夫に対して妻が母親のように接してしまう。対等な、夫と妻という関係でいられない。妻が母になってしまうのだと。

妻として家にやってきた女性が、夫の母にもなり、子の母にもなる。その母性を前提として、日本の家庭は存在していた。そう『成熟と喪失』は日本の家庭を解説する。

さらにそれだけでなく、江藤は当時その母性が崩壊しつつあったことにまで触れる。つまり女性がそんなふうに何でも受け入れる母性を持たなくなってきている。そういう家庭を築くことを、女性自らが拒否している、と。それを小島信夫の『抱擁家族』[11]などを用いて解釈している。そこで描かれていたのは、母性を拒否する娘たちの姿だった。

なんで、長女?――ホームドラマと娘の結婚

江藤の説を考慮すれば、昭和のホームドラマにおいて、息子ではなく娘の結婚が主題にあがることも納得がいく。つまり昭和の日本の家庭を保持することの一番重要な部分が、とにもかくにも「娘を母親にすること」だったからだ。

夫がどういう人間であれ、とりあえず女性が妻になってくれて、夫の世話をしてくれればいい。それさえやってもらえたら、日本の家族はうまくいく。そのような、江

10 安岡章太郎『海辺の光景』1959年、講談社 11 小島信夫『抱擁家族』1965年、講談社。2021年の今『成熟と喪失』を読むと「そりゃそうだ、いつまでも夫の母とかやってられるかいな」とつっこみを入れたくはなる。が、これを1967年で書いていたのは、早いと思わざるをえない。まだフェミニズム批評も日本になかった時代だ。

藤の言う「母性」に頼った状態がたしかに存在していた。おそらく昭和の作家たちはそれを分かっていたから、物語で扱う「家族の危機」を「娘の結婚がうまくいきそうにないこと」に設定した。それが、家族全員が一番あわてて、だからこそ面白くなるテーマであると感じていたのではないか。娘の結婚は、昭和の家庭のミッションだった。

しかし面白いのが、『細雪』も『麦秋』も『寺内貫太郎一家』も、娘が結婚を決めたところで結局どこか不穏な空気を感じさせつつ終わること。

最初は結婚をやんわりと迷う娘。しかし家族に急かされた先にある、やや不穏な結婚。これは、江藤の言う「母性を拒否する娘たち」の姿だったのではないだろうか？

というのも『細雪』も『麦秋』も『寺内貫太郎一家』も、娘が結婚しようとする相手は、家族からすると「ちょっとどうなの」と眉をひそめるような人だった。どの話も、完全なハッピーエンド、いい相手が見つかって終わり、ではない。相手にはやや欠点があり、「えっ、その相手で本当にいいの？」と家族がぼそぼそ批判していたりする。意外にも完全に結婚１００点ハッピーエンドで終わっていない。

おそらく、谷崎も、小津も、向田も、分かっていたのではないだろうか。この先、昭和が終わった先に、昭和的な家族像が消えていくことを。『細雪』も『麦秋』も『寺内貫太郎一家』も、どこかノスタルジックな香りが漂う。そこにあるのは、すでに失われかけていて、それを分かった上で作品のなかに残そうとする日本の家庭の姿だ[12]。

娘をなだめすかして結婚させようとする。しかし娘はなんとなく結婚をためらう。それは、娘たちが家庭の母になることをどこかで拒否したい気持ちがあるからではないか。江藤の言う通り、夫の妻になり、夫の母になることが、家庭にとって必要ではあるけれど自分がしなくてはいけないことを、拒否したい。だから雪子も、紀子も、微笑みながらかわす。「まだ結婚はいいじゃない」と。「なんとなく嫌かも」と。しかし家族は「あいつは何を考えているんだ」「まあまあ、そういう年頃だから」と騒ぐ。

12 上野千鶴子『近代家族の成立と終焉 新版』（2020年、岩波現代文庫）より引用。『成熟と喪失』の文庫解説は1993年に上野千鶴子が書いているのだが、江藤淳の言っていた母性に頼った風景が本当に終わりつつあることを指摘する。「「父の喪失」と「母の崩壊」は、近代家族の終焉とともに、常態化しつつある」と述べる。

そしてどうにか結婚までこぎつける。

そうやって日本の、近代家庭は保たれてきた。しかし三作品とも、そんな風景に終わりが来つつあることを予感しているように思えてならない。

微笑む長女の正体

谷崎も、小津も、向田も、昭和にあって「日本」の家庭を描く作家だった。

谷崎は戦争によって失われていく日本の文化的豊潤さを、古いかたちの家族を通して『細雪』に収めた。小津は何度も「娘の縁談」に慌てる父親の姿を描くことで、近代家庭がなんとか形を保つ姿をフィルムに収めた。それは日本の家族の存続において、それが最も必須かつ最も最初に失われる部分だったから、そのテーマにこだわったのではないだろうか？　そして向田は、すでにもう失われつつあった家族の姿を、自分の子ども時代の思い出をなぞるようなかたちで、テレビドラマに残した。だから小津と同じように、最も重要なパーツを、「娘の結婚」に持ってきた。それは昭和の家庭を表現するのに、最も適した表現だったからだ。日本のホームドラマとは、娘が他の家で母になるまでの物語なのである。

長女は結婚しない。それはどこかで、自分が結婚してしまえば母親になることを予感するからだ。しかし家族は言う。はやく結婚しなきゃ、じゃないといきおくれるぞ、と。長女はためらいがちに拒否しながら、それでも最後は結婚する。そういう物語がホームドラマになっていた。

著作『近代家族の成立と終焉』において、社会学者の上野千鶴子は日本の近代小説を「家長になりそこねた男たちの自虐の文学」と述べた駒沢喜美[13]の言葉を紹介していた。しかしそれでいうならば、日本のホームドラマは、「家長を保つための犠牲になるのをやんわりと拒否するため、微笑んでいた娘たちの物語」とも読めるのである。

13 駒尺喜美『魔女的文学論』1982年、三一書房

最近よく見る女性ふたりの主人公が活躍する物語って、何

——シスターフッドの変遷

Contents & Girls

『下妻物語』
→桃子・イチゴ

『君に届け』→爽子

『涼宮ハルヒの憂鬱』
→涼宮ハルヒ

『赤毛のアン』→アン

『アラサーちゃん』
→アラサーちゃん

『裸一貫！　つづ井さん』
→つづ井さん

『凪のお暇』→凪

シスターフッド映画のヒット

最近、映画の宣伝でしばしば「シスターフッド」という言葉を見かける。シスターフッド、フェミニズムの文脈では「女性同士の連帯」という意味で使われる用語だ。さらに昔から、映画や小説で女性同士の関係性を描いた物語を「シスターフッドもの」と呼ぶことは多かった。

いわゆるシスターフッドものといえば、たとえば『アナと雪の女王』(2013)[1]、『マッドマックス 怒りのデス・ロード』(2015)[2]、『オーシャンズ8』(2018)[3]、日本では『あのこは貴族』(2021)[4]、『私をくいとめて』(2020)[5]など、とくに2

1『アナと雪の女王』2013年、アメリカ。本書、アナ雪を登場させすぎだろうというツッコミがきこえてくる。
2『マッドマックス 怒りのデス・ロード』2015年、オーストラリア・アメリカ 3『オーシャンズ8』2018年、アメリカ 4『あのこは貴族』2021年、東京テアトル・バンダイナムコアーツ。主演二人のシスターフッドの関係性がよかった。原作は山内マリコ『あのこは貴族』(2016年、集英社)。

010年代以降の映画界で、さまざまなヒットを生んでいる。

シスターフッドものと呼ばれる物語は、その多くが「互いに異なるバックグラウンドをもった女性同士の強いつながり」を描く。

女性のなかでも、性格や職業や出自が異なる存在が、協力したり共鳴したりする。その稀有《けう》な出会いを描くからこそ、シスターフッドものは面白くなる。同じような性格のふたりが出会って共感し合っても、たいして面白くはない。立場や性格の異なる女性たちが、対等に共鳴し合うからこそ、シスターフッドものは観客の心を動かすのだ。

本章は、「シスターフッド」の描かれ方について分析する。

シスターフッドと「不思議ちゃん」ヒロインの系譜

シスターフッドものの映画が人気なのは、今に始まったことではない。たとえば日本には『下妻物語』[6]という、古典的シスターフッド物語が存在する。

『下妻物語』は、深田恭子演じるロリータ少女の桃子と、土屋アンナ演じるヤンキー少女のイチゴが出会う物語だ。ロリータとヤンキーという世間からはみだした二人の女子高生が、まさしくお互いの異なるバックグラウンドを超えて孤独から抜け出し友情を育む、古典的なシスターフッド映画と言える。

そんな『下妻物語』についての解説として、文化社会学を専門とする松谷創一郎の『ギャルと不思議ちゃん論―女の子たちの三十年戦争』[7]がある。松谷はロリータ少女のことを、「不思議ちゃん」の系譜として紹介する。

男性からの性的まなざしが蔓延《まんえん》する時代において、旧来的な男女関係を前提と

5『私をくいとめて』2020年、日活。『あまちゃん』に続いてのん・橋本愛のWヒロイン物語、まさかの第2弾。原作は綿矢りさ『私をくいとめて』（2017年、朝日新聞出版）。6『下妻物語』2004年、東宝。原作小説は嶽本野ばら『下妻物語 ヤンキーちゃんとロリータちゃん』（2002年、小学館）。7 松谷創一郎『ギャルと不思議ちゃん論―女の子たちの三十年戦争』2012年、原書房

しながらも、その構造を内側からスポイルする。

これこそが、ゴスロリ少女たちの理想とするリアリティだった。そこからは、思春期的な強い自己愛と、他者（異性）や社会への不安がかいま見える。彼女たちが死や絶望といったイメージに惹かれるのも、こうした心性からなるものだ。それは、〈コ〉ギャルムーヴメントが主流の若い女性たちのなかでは、極めて異質でラディカルな不思議ちゃん的存在性だと言える。

（『ギャルと不思議ちゃん論――女の子たちの三十年戦争』）


『下妻物語』の小説が発表された2002年は、都会でも地方でもまさしくギャルスタイルが主流だった時代だという（『ギャルと不思議ちゃん論――女の子たちの三十年戦争』）。そんな時代において、ヤンキーの服装も、ロリータの服装も、私たちの想像よりずっとアウトサイダーとしての自意識を必要とするものだった。とくにロリータの服装をする桃子は、「不思議ちゃん」として見られるのに十分な存在だったのだ。

考えてみると、シスターフッドの物語は、「世間からはみだしがちな女性」を描きやすい場と言えるのかもしれない。なぜならアウトサイダー的な側面を持つ女性のほうが、共鳴する他者に出会う難易度が上がるから、物語としてのカタルシスが大きい。だからこそロリータ少女のような、世間とずれた少女がシスターフッド映画の主人公となるのは、当然の帰結だったのだろう。

このようなアウトサイダー的少女について、先ほど紹介した『ギャルと不思議ちゃん論―女の子たちの三十年戦争』は、「不思議ちゃん」という系譜にあたる少女たちを紹介する。ロリータ少女も、きゃりーぱみゅぱみゅも、この系譜だ。ちなみに日本に最初に登場した「不思議ちゃん」は、1990年代に流行った篠原ともえをアイコンとするシノラーたちだという。

さらに『ギャルと不思議ちゃん論』は、「不思議ちゃん」ヒロインがいかに「ギャル」のカウンター的存在として生まれてきたか、を説明する。たとえば「篠原ともえ」というキャラクターは、当時流行していた「コギャル」というキャラクターに対する明確な差異化があったからこそ、あれほど流行した。たしかに『下妻物語』の桃子も、土屋アンナというヤンキーとのダブル・ヒロインだ。

松谷の言う通り、不思議ちゃんがギャルやヤンキーのカウンター的存在なのであれば、その溝を超えるシスターフッドを描く作家が出てくるだろう、という想像はすぐできる。

象徴的なのが、2006年から連載開始し、2010年に実写映画化した少女漫画『君に届け』[8]だ。主人公・爽子《さわこ》は純粋なのだが人間関係を構築するのが下手で、教室では少し浮いた存在だった。そんな彼女にはじめてできたのは、ヤンキーやギャルの友達だった。主軸は恋愛漫画でありながら、まさしく教室のアウトサイダー同士のシスターフッドを描いた『君に届け』。それはまさしく『下妻物語』と同じように、松谷の言う通り「不思議ちゃんは、ギャル・ヤンキーとの差異化によって際立つ」構造を利用した物語だった。あるいは、朝ドラ『あまちゃん』のヒロインであるアキもまた、不思議ちゃんであり、ダブルヒロインの物語の主人公だ。親友のユイは物語の途中でヤンキーとなり、アキとの対比が描かれる。最終的に二人のシスターフッドの物語として終わるのも象徴的である。

『下妻物語』にしろ『君に届け』にしろ『あまちゃん』にしろ、アウトサイダー女子高生のシスターフッドは「不思議ちゃんとギャル／ヤンキー」という構造で描かれていた。それはむしろ、シスターフッドという形を挟まないと、フィクションにおいてアウトサイダーの少女を描くことは難しい、ということの裏返しだったのではないか。

シスターフッドものは、環境や立場の分断を超えた女性同士の連帯を描くことができる。だからこそ読者や観客に響く。しかし一方で、不思議ちゃんのようなアウトサイダーな女性の姿は、単独で物語の主人公になりづらいのだろうか？　という疑問も生じてくる。

しかしそんな「不思議ちゃんはダブルヒロインで相対化されないとヒロインになれないのでは問題」は、ライトノベル小説を原作とし、アニメ化され大ヒットした『涼《すず》宮《みや》ハルヒの憂鬱《ゆううつ》』の主人公・涼宮ハルヒの登場によって解決されている。

8 椎名軽穂『君に届け』２００５年〜２０１７年、集英社

「ただの人間には興味ありません。この中に、宇宙人、未来人、異世界人、超能力者がいたら、あたしのところに来なさい」

（『涼宮ハルヒの憂鬱』）[9]

こんな台詞《せりふ》を発する涼宮ハルヒは紛れもなく「不思議ちゃん」なのだが、その魅力の描かれ方は決してギャルやヤンキーのカウンターではない。絶対的ヒロインとして、今なおファンの多いキャラクターとなっている。

あるいは、『ギャルと不思議ちゃん論』でも紹介されていた、きゃりーぱみゅぱみゅもまた相対化されないヒロインである。きゃりーぱみゅぱみゅは2009年に『KERA』に読者モデルとしてデビューし、『Zipper』等のいわゆる「青文字系」のヒロインとして登場した存在である。「青文字系」というのは女性ファッション誌の「赤文字系」[10]の差異化としての単語だ。つまり、きゃりーぱみゅぱみゅだって最初はかわいいギャルたちの対比としての存在だった。が、彼女はアーティストとしての存在感を増してゆく。「赤文字系」の対比としてのヒロイン像ではなく、日本のポップカルチャーを象徴するような原宿文化のアイコンとなる。

涼宮ハルヒやきゃりーぱみゅぱみゅのようなアイコンが生まれることで、2000年代以降、シスターフッドというしかけを使わなくても、不思議ちゃんが不思議ちゃんのまま、誰かの逆反射としてではなく、単独で誰かにとってのヒロインになり得ている。それもまた、シスターフッドの女性同士の連帯のかたちが進んだその先にある、ひとつの達成なのかもしれない。

9 原作小説は谷川流『涼宮ハルヒの憂鬱』2003年、角川書店。テレビアニメ初回放送は2006年4月。

10 『CanCam』をはじめとする男性ウケするファッションを紹介する雑誌たちのこと。

家父長制と戦う！　シスターフッド物語

シスターフッド。というと、古今東西の物語において、「男性に対抗する女性同士の連帯」を綴った物語は多い。

たとえば、古典的なシスターフッドの物語といえば『赤毛のアン』を挙げられるだろう。

『赤毛のアン』というと、ギルバートとアンのやりとりも有名だが、実はアンと友人ダイアナのシスターフッド関係も仔細に描かれている。

アンは明らかに一生ギルバート・ブライスをきらう決心をしたらしかった。

しかし、ギルバート・ブライスを憎めば憎むほどダイアナを、おなじような激しい熱情で小さな胸の底から愛した。

（『赤毛のアン——赤毛のアン・シリーズ1』）11

この場面をさらりと読めば、アンとダイアナのほほえましい友情関係が描かれていると思うかもしれない。しかしよく読むと、意外と必要以上に強くギルバートを否定しているように見えないだろうか。

実は『赤毛のアン』において、いつもアンとダイアナとの関係は、「男性の存在を挿入し、彼を排除する形で自分たちの愛情を示す」という構造で語られるのだ。

「あたしとてもダイアナが好きなのよ、マリラ。ダイアナなしじゃ生きていられないの。でも大きくなればダイアナはお嫁に行ってしまって、あたしをおいてきぼりにしてしまうってこと、わかってるんですもの。そうしたら、ああ、どうしたらいいかしら？　ダイアナの旦那さんを憎むわ――ひどく憎むわ。

11 モンゴメリ著、村岡花子訳『赤毛のアン――赤毛のアン・シリーズ1』２００８年、新潮文庫。『赤毛のアン』初出は１９０８年。

前の場面ではギルバート、この場面ではダイアナの未来の夫を敵対視した後で語られる、アンからダイアナに向けた愛情。

（『赤毛のアン――赤毛のアン・シリーズ1』）

『赤毛のアン』で描かれるシスターフッドは、結婚が必須だった時代において、男性に自分たちの仲を壊されるまでの時間に存在した、少女たちの友愛だった。

『赤毛のアン』に見るように、女性同士の関係を描くとき、実は意識的にも無意識的にも、「男性への敵視」が一緒に語られることは多い。女性の仲良い関係を壊すのは男性だとする考え方があるからだろうか。

たしかに異性を排除することで同性間の結びつきを強める現象は、男女問わず存在する。

社会的に立場が弱かったり、結婚や出産といった状況によって分断されやすい女性同士の連帯に、男性への対抗がセットになるのは当然のことかもしれない。

しかし一方で、こうも感じるだろう。

「シスターフッドの敵は、本当に男性なのか?」と。

2010年代の日本のシスターフッド物語を取り上げよう。『アラサーちゃん 無修正』[12]、『裸一貫! つづ井さん』[13]だ。

大ヒット漫画『アラサーちゃん』は2019年11月に最終巻が発売され、物語の幕を閉じた。四コマ漫画でアラサーの男女の恋愛模様や「あるある」を描く物語である。しかし『アラサーちゃん』のラストシーンは、それまでの男女の恋愛物語から逸脱する。キャラクターが異なる女子ふたりの間でシスターフッド的関係性が生じるのだ。

主人公の「アラサーちゃん」と友人の「ゆるふわちゃん」は、「文系くん」という男性を奪い合う関係だった。アラサーちゃんは文系くんのことが好きだが、ゆるふわ

12 峰なゆか『アラサーちゃん 無修正』2013年~2019年、扶桑社 13 つづ井『裸一貫! つづ井さん』2019年~、文藝春秋。『腐女子のつづ井さん』(2016年~2018年、KADOKAWA)の続編である。

峰なゆか『アラサーちゃん無修正 7』（扶桑社）p185

ちゃんは他に好きな人がいつつも文系くんと寝ていたのである。ちなみにゆるふわちゃんはアラサーちゃんの彼氏であるオラオラくんのことが好きなのだ。アラサーちゃんとゆるふわちゃんは、ずっと対立していた。しかし物語のラスト、ふたりとも彼氏や夫と別れることを選択する。そしてその先で描かれたのが、ふたりの間の友情なのだ。

『アラサーちゃん』最後のコマには、ふたりが手をつなぐ場面が描かれる。ずっと男女の恋愛について描いてきた漫画が、最終的に、女性同士のシスターフッドが芽生える場面を描いて終わる。さすがに作者の強い意図を感じざるをえない。この最終回を意外に思った読者もいるかもしれない。

二人はそれぞれ意中の男性と別れる。そこからお互いをたたえ合うように、そして励まし合うように、手をつなぐ。それは恋愛より友情をとったというよりも、お互いがひとり自立して生きることへの励まし合いとして、シスターフッドが生まれたと理解したほうがいいだろう。

「絶対女性は恋愛し結婚しなきゃいけない」という世間の圧力に負けないように、

その時の楽しさや充実感と比べちゃうと…どうしても「私ここで今何してるんだろう」って思っちゃって…
相手に失礼すぎるんだけどどうしても皆との時間より優先したいとは思えなくて…
仲間と過ごす楽しさを私は知っちゃったから…
知る前にはもう戻れなくなっちゃった…
またまたMちゃんはそんなこと言うて〜笑と茶化したくなったけど私は何も言えなかった
冗談で言っているとは到底思えないくらいMちゃんの目は切実で真剣で
私はそれを嬉しいと思っちゃっていたのだ
BEST FRIEND
つづく

つづ井『裸一貫！つづ井さん 1』（文藝春秋）

ふたりは手をとっているように見える。『アラサーちゃん』は、男性というよりも家父長制に対抗するシスターフッド関係を描いている。

また『アラサーちゃん』最終巻と同じく2019年に1巻が発売された、『裸一貫！つづ井さん』。こちらはエッセイコミックで、語り手のつづ井さんが、友人たちとの「オタク」生活を綴った物語である。

アラサーのオタクであるつづ井さんの友人たちは、みんな独身の女性。友人のひとりであるオカザキさんが、街コンに行ったことをつづ井さんに話す。そんな場面が1巻の終盤に登場する。

彼女はこう述べる。街コンに行っても、友人たちと過ごす時間を思い浮かべてしまう、と。

「相手に失礼すぎるんだけどどうしても皆との時間より優先したいとは思えなくて…

仲間と過ごす楽しさを私は知っちゃったから…
知る前にはもう戻れなくなっちゃった…」

（『裸一貫！　つづ井さん』）

「彼氏をつくりに行くよりも、友達と遊んでたほうが楽しいから、こっちを私は選択するよ」オカザキさんはそう述べる。恋人や結婚といった世間が認める形よりも、自分が楽しいほうを選択しようと思う、と言う。『アラサーちゃん』『つづ井さん』はどちらも2010年代を代表する「アラサー女性が主人公の漫画」だ。『アラサーちゃん』は男女の恋愛を、『つづ井さん』は「推し」への愛情をめぐる物語を描いてきた。しかしそのふたつの物語が、2019年に同じようなラストで単行本の終わりを締めていた。

どちらも「世間の結婚を求める圧力に対抗するシスターフッド」という結末。

そう考えると、シスターフッドは、「男性へ対抗するために女性が連帯する関係性」というよりも、「既存のイデオロギーへ対抗するとき、個人同士が励まし合う関係性」、という見方をすべきなのかもしれない。

　すでに世間で存在するあらゆるイデオロギーから外れ、ひとりで生きている者同士が、励まし合うように、手をとること。そこにシスターフッドと従来呼ばれていた関係性が生まれている。というのが２０１０年代のシスターフッド・ヒロインのあり方ではないか。だからこそ『アラサーちゃん』も『つづ井さん』も、独立した個人として手をとりあう。必ずしも対抗したい相手が男性とは限らず、もっと大きな、世間の常識や思想に抗《あらが》う個人たちの集まりだから。

　だとすれば本来の敵は男性ではなく、たとえば個人を家族という枠組みの中に「いなくてはならない」とする家父長制の幻想だろう。本質的には男性と女性のシスターフッドもあり得るはずだ。

　物語のキャラクターは、世に流布するさまざまな既存の物語――たとえば美少女の幻想、姉妹の幻想、家庭的な女性像という幻想など――から少しずつずれながら、自分の物語を生み出す。世のイデオロギーを内包しながら、世のイデオロギーに抗ってゆくのが物語だからだ。

性別の関係ない連帯に向けて――『凪のお暇』

では、シスターフッドつまりは女性同士の連帯ではなく、男女関係ない連帯というのは存在するのだろうか？　最後に紹介したい。

長らく恋愛という関係性を重視して描いてきた「女性向け漫画」というジャンルにおいても、その思想に変化が出てきている。ドラマも放映され、累計部数２００万部を突破した人気漫画『凪《なぎ》のお暇』[14]がその例のひとつだ。

一見『凪のお暇』は、ひとりの「アラサー女性」の恋愛や生き方をめぐる物語に見える。

主人公の凪は、おひとよしで誰にでもニコニコしてしまう性格。会社での人付き合いや彼氏との付き合いに悩み、ある日退職を決める。家賃の安い家に引っ越し、無職期間を過ごすなかで、凪は自分の生き方に悩む。そして昔の自分を振り回していた、元彼、同僚、母親とも向き合うことになる。これが『凪のお暇』の主なストーリーである。

作中、凪は「お暇」＝無職期間のなかで、さまざまな人に出会う。同じアパートに住んでいる母娘、老女、お隣さんの男性。あるいは自分と同じく求職中の女性、とあるバーで働く女性たち。凪は会社を辞めて引っ越しをしなければ出会わなかったような、ご近所さんともいえる人々たちと交流する。

たとえば『凪のお暇』6巻で登場する台詞。凪がずっと苦手だった母親と向き合う場面だ。

「ずっとスニーカーで楽してたから　懐かしいよこのふくらはぎの緊張感　なんだか時が戻ったかのよう」

「こんなノリで昔の人達に会ったら　かつての暗雲の思考に戻ってしまうので

14 コナリミサト『凪のお暇』２０１７年〜、秋田書店。ちなみに読み方は「おひま」ではなく「おいとま」である。

コナリミサト『凪のお暇 6』（秋田書店）p127

コナリミサト『凪のお暇 6』（秋田書店）p129
© コナリミサト／秋田書店、2017

は」

「と　なりそうなところをおっ」

「みんなの顔を思い出して堪える!!　いでよ執着心!!　勝つんだ!!　私は絶対今日のこの日を!!」

（『凪のお暇　6』）

苦手な母親を目の前にして、卑屈に過ごしていた会社員時代の自分に戻ってしまいそうな時、凪はこう呟《つぶや》く。「みんなの顔を思い出して堪える」と。ここでいう「みんな」とは、「お暇」の間に出会った、アパートのお隣さんや旅先で出会ったバーの人々である。

『凪のお暇』が男女の恋愛だけを主軸にした漫画だとしたら、自分がピンチに陥ってる際に思い出すのは、恋の相手だった慎二やゴンかもしれない。しかし『凪のお暇』は連帯の物語だからこそ、凪が思い出すのは、自分を応援してくれている、男女や年齢を問わない社会的につながりのある人々だった。

これからのアラサー女性に必要なのは、恋愛ではなく連帯だ。……『凪のお暇』がそう言っているかどうかは分からないが、なにより２０１９年にこのような物語がドラマ化[15]され人気になるのは、潜在的に「そうであったらいいな」という願望がどこか私たち視聴者・読者にあるからだろう。

また恋愛ではなく連帯を描く物語として『凪のお暇』を読むとき、原作漫画にはなかったドラマのオリジナルエピソードもまた参考になる。

凪の元彼・慎二と、凪のご近所さんであるゴンの関係が、ドラマでは詳細に描かれる。

慎二は、家庭環境が複雑な背景もあり、かなり空気を読むことに長けたサラリーマンである。慎二は優秀で、凪よりも「うまく」生きているように見える。しかしドラ

15 ドラマは黒木華主演で２０１９年にＴＢＳで放映された。ドラマは漫画にない展開も多く描かれており、面白かった。

コナリミサト『凪のお暇 3』（秋田書店）p134

マでは、そんな慎二も自分の生きづらさに気づく。過呼吸になり、会社を休むことになるのだ。

強調したいのが、ここで会社を休むことになったきっかけが、凪ではなく、ゴンだということだ。

普通に考えれば、「凪のお暇」の話なんだから、凪がきっかけで慎二は自分自身と向き合う休みを手に入れる……というストーリーにするのが穏当だろう。しかしこのドラマはそうしない。慎二は、自分の彼女だった異性の凪ではなく、ともすれば恋敵ともいえる同性のゴンとの関係によって、休むことを決める。1週間の夏休みをとった慎二は、その間ゴンの部屋に泊まる。

結局、慎二とゴンは「夏休み」を解散するのだが、ドラマの脚本が原作漫画にない描写を足すにあたって、慎二とゴンの関係が足されたことは注目すべきだと思う。『凪のお暇』は慎二とゴンの友情を描きたかったのだろうか？　そうではない。この物語が、異性愛規範に則《のっと》った恋愛の関係ではなく、社会的なつながり、つまり「お隣さんやたまたま知り合った友人こそが人をすくう」ことを描いた物語だったからだ。

だからこそ、慎二にも、ゴンという「たまたま知り合った同性の友人」が救済人として現れる。

『凪のお暇』は、恋愛ではなく連帯こそが自分をすくうものである、ということを繰り返し描く。むしろ恋愛が入り込むと「うまくいかない」状態になることを描く一面もある。慎二の会社の同僚である市川円《まどか》や、会社時代の凪とゴンの関係性を見ても明らかだ。

私たちをすくうのは、恋愛ではなく、連帯だ。『凪のお暇』の漫画がそれをテーマとしていたからこそ、実写ドラマ版がエピソードを拡張する際に取り上げたのが「慎二とゴンのホモソーシャルな関係性」だったのだろう。恋愛ではなく連帯を描く少女漫画が、こんなにヒットしていることこそが、そもそも私たちの欲望を反映しているようにも、見えてくる。

恋愛じゃないユートピア

本章はさまざまな形のシスターフッドを取り上げたが、恋愛や結婚や家族ではない関係性で人々が支え合い共鳴する物語は、近年さらに増えているように感じる。

とくに女性の場合は、結婚や育児によってなかなか友人との時間がとれなくなったり、結婚を男性よりも求められる世間の圧力が強いという背景があるからこそ、余計にフィクションにおいては「結婚ではない」形の関係性が望まれるのかもしれない。多様なシスターフッド、連帯の物語こそ、私たちが今本当に得たいユートピアのようにも見えるのだ。

なんで最近、母娘について書く作家が増えているんでしょう

——母娘と父息子

Contents & Girls

『あまちゃん』
→アキ・春子

『羊をめぐる冒険』

『海辺のカフカ』

『愛と幻想のファシズム』

『かか』

『イグアナの娘』
→リカ・母親（ゆりこ）

『愛すべき娘たち』
→雪子・母親（麻里）

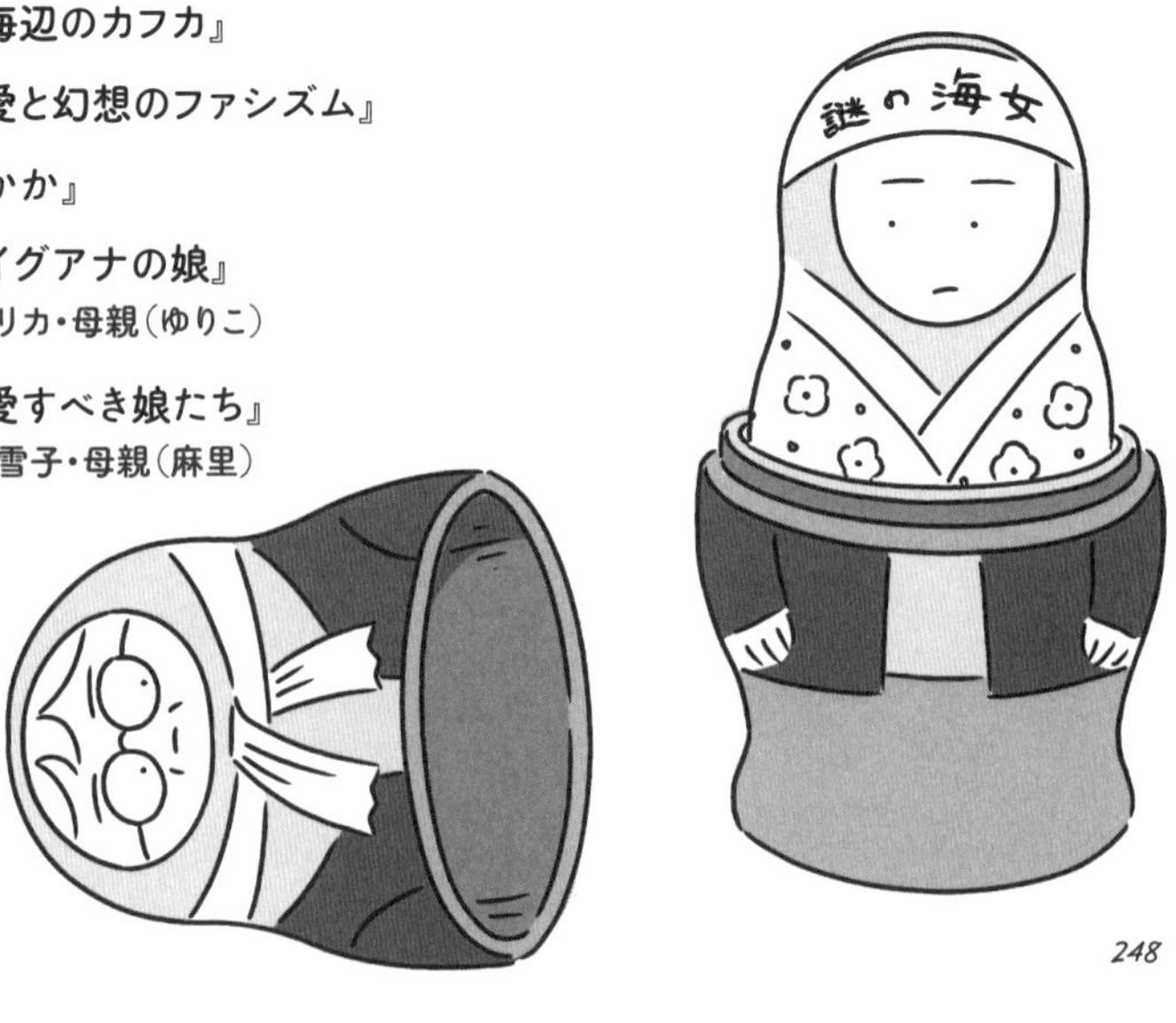

２０１０年代の母娘ブーム

２０１０年代に入ってから、空前の「母娘問題」ブームである。

いや、ブームと言っては語弊があるかもしれない。しかし多い。とくに娘から見た母親への不満や葛藤を、さまざまな場で見かけるようになった。

おそらく契機となったのは、２０１２年に出版された田房永子《たぶさえいこ》の『母がしんどい』[1]というエッセイ漫画だ。その後女性のエッセイ本やエッセイ漫画において、母娘の問題に実際に苦しむ人々の言葉が多数発信されるようになった。とくに「毒親《どくおや》」という言葉が流行し、その葛藤を表現しやすくなったのかもしれない。

が、その前から兆候はあった。２００８年に斎藤環《たまき》が『母は娘の人生を支配する

1 田房永子『母がしんどい』２０１２年、新人物往来社

なぜ「母殺し」は難しいのか』[2]、信田《のぶた》さよ子が『母が重くてたまらない　墓守娘の嘆き』[3]と立て続けに母娘関係の問題を取り上げた著作を出版する。同じ年の暮れには『ユリイカ　誌と批評』で「母と娘の物語―母／娘という呪い」という特集が組まれた。母娘の問題が精神科医あるいは臨床心理士の手によって分析されていたのだ。これを受けて2010年には社会学者の上野千鶴子が『女ぎらい―ニッポンのミソジニー』[4]で母娘問題を取り上げたりもしていた。

なにより日本の女性作家たちが、いっせいに母娘問題を取り上げ始めた。ちょうど斎藤、信田の著作刊行の2008年以降の傾向だ。川上未映子《みえこ》が『乳と卵《らん》』[5]、辻村《つじむら》深月《みづき》が『ゼロ、ハチ、ゼロ、ナナ。』[6]、湊かなえは『母性』[7]、角田光代は『私のなかの彼女』[8]、村田沙耶香《さやか》は『タダイマトビラ』[9]、宇佐見りんは『かか』[10]など、他にもさまざまな作家たちが、2008年以降母娘をテーマにした小説を刊行している。さらに2008年には佐野洋子が『シズコさん』[11]で自らの母親との確執について綴るなど、エッセイで取り上げられることもあった。

日本で「母娘問題ブーム」といって差し支えないほど、母娘の葛藤は、文学やエッセイにおいて、メジャーなテーマとなっていった。

これはなぜなのだろうか。なぜとくに2010年前後から、「母娘問題」は世の中で取り上げられるようになったのか。そこにはなにか時代の必然性があったのだろうか。

本章ではさまざまな媒体の「母娘」の話を分析しつつ、「なぜいま母娘問題がブームなのか」を考えてみたい。

2 斎藤環『母は娘の人生を支配する　なぜ「母殺し」は難しいのか』2008年、NHK出版 3 信田さよ子『母が重くてたまらない　墓守娘の嘆き』2008年、春秋社 4 上野千鶴子『女ぎらい―ニッポンのミソジニー』2010年、紀伊國屋書店 5 川上未映子『乳と卵』2008年、文藝春秋 6 辻村深月『ゼロ、ハチ、ゼロ、ナナ。』2009年、講談社 7 湊かなえ『母性』2012年、新潮社 8 角田光代『私のなかの彼女』2013年、新潮社 9 村田沙耶香『タダイマトビラ』2012年、新潮社 10 宇佐見りん『かか』2019年、河出書房新社 11 佐野洋子『シズコさん』2008年、新潮社

震災と親子関係の肯定物語『あまちゃん』

2010年前後から始まったといえる「母娘問題」ブーム。そのきっかけをつくった一人ともいえる臨床心理士の信田さよ子は、以下のように分析する。

二〇〇八年に刊行された拙著『母が重くてたまらない──墓守娘の嘆き』（春秋社）をきっかけに、母親に対する隠された思いが、まるで叫びのように、女性たちから発せられはじめました。雑誌などでも「母娘問題」の特集が組まれ、作家や女優などの著名人たちがインタビューや手記をとおして、次々に「いかに自分の母親が重いか、人生を支配されていたか」と語りはじめたのです。ここまでの反応を予想していなかった私は、大変驚きました。

（中略）

その三年後に、さらなる転換が起きました。二〇一一年三月に起きた東日本大震災です。（中略）このとき興味深く感じたのは、日本の危機を救うべく流されたのが、高齢者にやさしくしたり、親と子が手をつなぐという映像だったということ。決して夫婦が助け合うという姿ではなかったことです。

不思議なことにその後、堰《せき》を切ったように娘の立場から母親を告発するかのような本が次々と出版されはじめました。コミックエッセイの形式をとった田房永子さんの『母がしんどい』（KADOKAWA／中経出版）、女優である母親との確執を描いた、小川雅代さんの『ポイズン・ママ―母・小川真由美との40年戦争』（文藝春秋）を出発点とする、いわゆる当事者本には、それまで直接語られることのなかった母と娘の姿がリアルに描写されています。

（『母からの解放　娘たちの声は届くか』）[12]2010年代に「母娘問題」が盛り上がったきっかけは、東日本大震災も遠からず

12 信田さよ子『母からの解放　娘たちの声は届くか』2016年、集英社

関係していたのではないか。この信田の指摘には妙な説得力がある。

直接影響を与えていたかどうかは分からないが、たしかに、震災直後いろいろなところで「絆」という言葉で、家族や地縁のつながりを美化する物語が流行した。しかもそこで強調されるのは、たしかに夫婦というより、親子を軸とした家族の絆だっただろう。

さらに「東京は危ない」「故郷に帰ったほうがいい」という風潮も、もしかしたらその息苦しさに拍車をかけたかもしれない。

印象的なのは、震災から2年が経った2013年の冬、紅白歌合戦で『あまちゃん』の特別編が流されていたことだ。

『あまちゃん』[13]は2013年にNHKで放映された連続テレビ小説だ。のん（当時は能年玲奈）演じる東京の女子高生アキは、母の故郷である北三陸へやってくる。最初に聞かされていた祖母の体調不良は嘘であることが分かったが、それでも海女さんの仕事に魅了されたアキは、北三陸で暮らすことを決める。祖母の夏、母の春子といっしょに母娘三代で暮らす生活が始まる。そしてアキは美少女の同級生ユイと友達になるが、彼女から一緒にアイドルにならないか、と持ち掛けられる。こうして地元のアイドルとなったユイとアキは、ネットで話題になってゆく。

『あまちゃん』は、母の夢だったアイドルをアキが目指したり、祖母と母はずっと絶縁状態だったりと、「母と娘」が大きなテーマの物語だ。それでいて、最後は東京でアイドルを目指したアキが、故郷の北三陸に帰って来る。

『あまちゃん』という作品は「故郷」や「親子」に対して、おそらく意図的に、素朴に肯定する。

アキは、東京という都会では、クラスに馴染めなかったりアイドルの競争社会でうまくやれなかったりするキャラクターだ。さらに友人のユイもまた、東京に憧れを持ちながら、一度も東京へ足を踏み入れられず、最後は地元にいる自分を肯定する。アキの母の春子もまた、東京でアイドルを目指したが影武者しかできなかったという過去を持つ。主人公たちにとって、東京＝都会は競争社会のなかで消費される場として

13『あまちゃん』2013年4月〜9月、NHK

描かれる。

一方で北三陸＝田舎は、うるさいながらもあたたかい地元の大人たちが、アキやユイを見守る。夏や春子も一見ドライだが娘の成長を喜ぶ母親であり、そこにはたしかに葛藤もあるが、最終的に親子の仲は修復される。

『あまちゃん』は、東京の競争社会と対比する形で、田舎の親子関係や近所付き合いを肯定する。それは２０１１年以降の、震災以降のムードが産んだ物語ではないだろうか。

もちろんＮＨＫの朝の連続テレビ小説は、ヒロインの親子関係を描くことが多かったり、故郷を肯定する物語が比較的多い。なので「朝ドラ」のフォーマットに従っただけだといえるかもしれない。

しかし一方で、紅白歌合戦で『あまちゃん』作中歌の『地元に帰ろう』が流れるという現象は、やはり震災以降のムードが影響しているのではないか。『あまちゃん』の高視聴率を受け、その年の紅白歌合戦では、特別にアキやユイや登場人物が作中歌を歌うパートが挿入された。『潮騒のメモリー』など作中歌を登場人物が歌いつつ、最後は故郷、地元に帰ることを歌うところで終わる。

震災以降、2010年代前半はやはり「地元っていいな」とか「家族っていいよね」といった素朴な肯定ムードが流れていたことは、この紅白歌合戦を見るだけでも分かるのではないだろうか。

そしてその反動として、家族や地縁に息苦しさを覚える人が増えたであろうことも想像がつく。

『あまちゃん』が放映されていた朝の連続テレビ小説の枠でも、2020年前後になってくると、主人公夫婦が離婚する『スカーレット』[14]、アニメーターとして故郷から離れ東京で出世することを選ぶ物語『なつぞら』[15]、家族との確執を最後まで抱えるヒロインの一生を描いた『おちょやん』[16]など、家族や故郷の素朴な肯定には比較的懐疑的になる。震災によって「絆」が強調された時代から、徐々に価値観が変化

14『スカーレット』2019年9月〜2020年3月、NHK 15『なつぞら』2019年4月〜9月、NHK 16『おちょやん』2020年11月〜2021年5月、NHK

していく様がうかがえるのである。

「父殺し」のテーマとW村上

信田の指摘から、「震災きっかけで家族の絆を肯定するムードへの反動」が２０１０年代には存在していたことを前章で確認した。

しかしそれでは、なぜ「父」ではなく、「母」との葛藤の方向へ関心が向かっているのだろうか。

本屋に行っても、「父息子関係」に悩むエッセイはあまりない。一方で、前述した通り「母娘関係」はエッセイ漫画の棚にこれでもかと並べられている。

むしろ、なぜこんなにも父息子関係は関心が寄せられないのか？

と考えてみると、一昔前はむしろ「父息子関係」こそが小説の大きなテーマだったことを思い出す。父殺しは、小説でしばしばテーマになっていた。母娘の話からはそれるが、小説における「父」の存在感について紹介したい。

「子供は作らないの？」とジェイが戻ってきて訊ねた。「もうそろそろ作ってもいい年だろう？」

「欲しくないんだ」

「そう？」

「だって僕みたいな子供が産まれたら、きっとどうしていいかわかんないと思うよ」

（『羊をめぐる冒険』）17

たとえばいまやノーベル文学賞一歩手前と呼ばれる村上春樹の小説は、「子どもを

17 村上春樹『村上春樹全作品1979〜1989② 羊をめぐる冒険』1990年、講談社。単行本初出は1982年。

つくらないこと」をテーマに挙げる。たとえば『羊をめぐる冒険』では、主人公と妻との間で子どもをつくるかどうか、葛藤があったことを匂わせる。

「子供欲しかった?」

「いや」と僕は言った。「子供なんて欲しくないよ」

「私はずいぶん迷ったのよ。でもこうなるんなら、それでよかったのね。それとも子供がいたらこうならなかったと思う?」

「子供がいても離婚する夫婦はいっぱいいるよ」

「そうね」と彼女は言って僕のライターをしばらくいじっていた。「あなたのことは今でも好きよ。でも、きっとそういう問題でもないのね。それは自分でもよくわかっているのよ」

(『羊をめぐる冒険』)

妻は子を持つことについて「ずいぶん迷った」という発言をする。でも僕ははっきりと「子供なんて欲しくないよ」と言う。

村上春樹作品の主人公は、決して父親になろうとしない。短編小説「蜂蜜パイ」ではじめて父親になることを引き受け、さらに長編小説でも『騎士団長殺し』においては最後に娘を持つが、それでも基本的には父・息子関係において父の立場に立つことを避けようとする。

一方で、自分が息子の立場に立ち、父殺しをテーマとする小説はさまざまな形で執筆してきた。


「僕はどんなに手を尽くしてもその運命から逃れることはできない、と父は言った。その予言は時限装置みたいに僕の遺伝子の中に埋めこまれていて、なにをしようとそれを変更することはできないんだって。

(『海辺のカフカ(上)』)[18]

18 村上春樹『海辺のカフカ』上・下、2002年、新潮社とくに『海辺のカフカ』ではかなり明示的にそのテーマを登場させている。『海辺のカフカ』はギリシャ神話の『オイディプス王』をモチーフとする。オイディプスといえば、父を殺して母と姉と交わる物語であり、誰がどう読んでも父殺しの話だ。また2020年に刊行したエッセイ『猫を棄てる　父親について語るとき』[19]は、そのまま自身の父親との関係性について執筆したものだった。村上春樹がかなり自覚的に、父親との関係性を自分の文学的テーマに置いているのだ。

あるいは村上春樹と並んでW村上と呼ばれた小説家の村上龍も、父をテーマに小説を綴ることは多かった。たとえば『愛と幻想のファシズム』では、アメリカという意味で「父」という単語が登場する。

「ところで、ギリシャ悲劇というのは、どういう意味なんだ?」

車は中央高速に入り、すっかり暗くなった中に、八王子の夜景が見えてきた。規則的に道路を照らす青白い街灯と、眼下の、細かく点滅し、震える町の灯り。

見ろよ、俺はそう言って車の外を示した。母なる日本だ、オレは、母を犯して、父を殺すんだよ……。

（『愛と幻想のファシズム』）[20]

抽象的な意味でも、そのまま家族の意味でも、「父にどう対峙《たいじ》するか」が90年代や00年代では一応大きなテーマだったことは間違いない。

しかし、2021年にこのようなテーマを見渡してみても、いまいちピンとこない、というのが本音ではないだろうか。

だってW村上が言うような、倒すべき父親なんて、どこにもいないからだ。

2019年にデビューした作家・宇佐見りんは、娘から母への思慕を綴った小説『かか』のなかで、「父親が不在の家」を描く。「とと」が父親の呼び名である。

19 村上春樹『猫を棄てる　父親について語るとき』2020年、文藝春秋 20 村上龍『愛と幻想のファシズム』下、1987年、講談社あたたかい春の西日が溜まった台所に酒の匂いがまわったような気いしました。ととが時々ふらりと家にあらわれたときにこうなることが多いかん、事情を聞いたけんども、別段そいなことがあったわけではなさそうでした。

（『かか』）

父親はそもそも家にそんなにいない。２０１９年に家族を描く物語において、このような場面が登場すること自体が、なんだか象徴的に思える。

これについては臨床心理士として実際の家庭を見てきた信田さよ子が、今の家庭における「父の不在」について詳しく分析している。

昨今の娘たちは母との関係に苦しんでいると短絡的に解釈されがちだが、回答から伝わってくるのは、娘たちから父親への深い絶望と怒り、そして長年格闘した結果あきらめて近づかないようにする姿である。父のように生きることだけはしないという決心がついた、その点で「いい影響だった」とまで言い切るのである。

「毒母」という言葉には葛藤やアンビバレンス（併存不能性）が含まれる。罪悪感と拒否感、遠ざかりたいと思いながら母がかわいそうになるという感情。並び立たないからこそ苦しい感覚が娘たちを苦しめ、弱らせるのだ。

それに比べると、父親に対してはそのようなアンビバレンスがない。おそらく不在だった父は、葛藤を生むほどの存在感をもたない。

（『母・娘・祖母が共存するために』）21

まさしく『かか』で描かれていたような、「父は家にいない」が娘たちの素直な実感なのだろう。そしてそれは息子にとっても変わらないのではないか。

父親は、葛藤が生まれるほどの存在感を持たない。それが今の娘や息子たちの感覚だとすれば、血縁への抵抗が、母親に対する葛藤に集中するのは無理もない。

21 信田さよ子『母・娘・祖母が共存するために』2017年、朝日新聞出版おそらくW村上の時代は父親の存在感がまだあった。昭和のホームドラマといえば、『サザエさん』[22]の波平、『寺内貫太郎一家』の寺内貫太郎など、父親の姿が不可欠だった。でも今は父親なんていないから、父殺しも何もないんだろう。

『イグアナの娘』と娘の呪い

精神分析を専門とする斎藤環は、著作の中で『イグアナの娘』という短編漫画を分析しながら、「母殺し」は父殺しほど容易でないと解説する。

それゆえ母親は、この人の良い父親のようには、簡単に「殺され」てはくれません。父親とは簡単に対立関係に入ることができますが、母親とは対立できません。なぜなら、母親の存在は、女性である娘の内側に、深く浸透しているからです。それゆえ「母殺し」を試みれば、それはそのまま、娘にとっても自傷行為になってしまうのです。
もう一度繰り返しましょう。象徴的な意味において、「父殺し」は可能であるばかりか、むしろ避けることのできない過程とすら考えられます。しかしおそらく「母殺し」は不可能です。母親の肉体を現実に滅ぼすことはできても、象徴としての「母」を殺害することは、けっしてできません。おそらく、こうした母殺しの不可能性は、父殺しの可能性と表裏の関係にあるでしょう。

（『母は娘の人生を支配する　なぜ「母殺し」は難しいのか』）

『イグアナの娘』[23]は、少女漫画家の萩《はぎ》尾《お》望《も》都《と》による「母娘」の問題を扱った短編漫画だ。
物語は、イグアナ姫とイグアナの魔法使いの場面から始まる。イグアナ姫は魔法使

22 長谷川町子『サザエさん』１９４６年～１９７４年。テレビアニメは１９６９年～、フジテレビ系　23 萩尾望都『イグアナの娘』１９９２年、小学館

いを訪ねてきたのだ。「あたしを人間の女の子にしてちょうだい」と。魔法使いは「いいとも」と言う。

「人間の女の子にしてあげよう……ただし……」

場面は変わって、ある母親が娘を出産したところ。しかし彼女は、娘を見て叫び声をあげる。なんと看護師に赤ちゃんとして抱かれていたのは、イグアナだったのだ。夫や周囲の人間には、普通の赤ちゃんに見えているらしい。しかし彼女の目にはどうしてもイグアナに見える。

「神様　お願い！　こんなのじゃなくて　普通の女の子をあたしにさずけて!!」

そう願った母親のもとにできた二人目は、普通の人間の女の子だった。

長女のリカは、母親が「リカはまるで　ガラパゴスのイグアナよ〜〜〜」と叫ぶところを偶然聞いてしまう。それ以来、リカは自分のことをイグアナだと思い込む。

客観的に見れば妹のマミは女の子らしい女の子に育つ一方で、姉のリカは美人で頭もいい女性に育つが、母親はそれを受け入れられない。リカは自分でも「どうして人間に生まれなかったのかしらって悩んだこともあったけど　いいさ人間の中で　一匹のイグアナとして一生を送るのも」と言うようになる。

成長し、リカはやさしい男性と結婚する。母親とも離れて暮らし、幸せな日々を送っていた。そして子どもが産まれると「イグアナか…夫に似た牛みたいな子を産むと思ってたのに　まるきり……人間の子…だわ」「どことなく母に似てる……」とゾッとする自分に気づく。

子を憎んだりしないか心配していると、突然、リカのもとへ母の訃報が届く。

「わたし　ホッとしてる　ちっとも悲しくない」

そう思いながらも故郷に帰ったリカは、今まで見ていた母の顔とは違う、イグアナの顔をした母の死に顔を目にする。

自分にそっくりだと驚くリカに、親戚は「あなたと母親はよく似てるって前から言ってた」と言う。

その晩、リカは夢を見る。ガラパゴス諸島で、イグアナの姫と魔法使いが話している夢だ。

「人間に恋したんだね　人間に恋してもいいよ」「だけど気をおつけ　王子様がおま

萩尾望都『イグアナの娘』（小学館文庫）p13

えをイグアナだと気づいたら　おまえのもとを去っていくよ」

「わたし絶対気づかれないわ　イグアナだったことなんて忘れて　人間として生きるわ」

その夢から覚めたとき、リカは理解する。自分は母を愛せなくて苦しかった。同時に母もまた、自分を愛せなくて苦しかったのだ、と。


『イグアナの娘』は一見、娘が母の呪いを解く話でありながら、最後まで母から娘へなにか許す台詞《せりふ》は登場しない。

もしこの話を凡庸な作家が描いていたならば、母が死ぬ間際で「いままでイグアナなんて言ってごめんなさい、本当はあなたはイグアナなんかじゃないのよ」などと謝る場面が登場するのではないだろうか。母と娘の和解を描くならば、そのように母が娘の呪いを解く場面が一番しっくりくる。

しかし『イグアナの娘』は、そんな場面を描かない。

この物語は、「娘が、母も元は自分と同じイグアナだったことを発見した話」に読

萩尾望都『イグアナの娘』（小学館文庫）p52

める。

自分はイグアナだから母に嫌われていると思い込んで生きていた。しかし母が亡くなって、母もまた自分と同じイグアナだったのだとはじめて分かる。それが分かってはじめて娘は母のことを許す。そんな話に思える。

つまり、娘は母のことを許しても「自分はイグアナである」という呪いは、解けていない。

その呪いは抱えたまま、リカは、母もまた同じだったのだと思うことにする。

『イグアナの娘』は母娘問題の根深さを扱った傑作だと思うのだが、根深さの理由はここにある。決して母が亡くなっても、母が自分のコンプレックスを投影していたのだと分かっても、それでも娘にとって母による呪いは消えない。

リカは母が亡くなったとき、「母は自分に同じコンプレックス(=イグアナであること)を投影していた」と考えることで、母を許そうとした。

「父殺し」という形で、息子は父を殺すことによって父を乗り越える。一方、娘の場合は母を自分と同じ存在だと思うことによって乗り越えるのかもしれない。つまり、母が完璧な神ではなくなったとき、娘は母を許す。しかし、息子のように「自分がかわりに父の位置に立つ」というわけではないらしい。息子と父親の関係がタテで入れ替わる関係とすれば、娘と母の関係はヨコの関係になるしかないのかもしれない。

母もまた、同じだったんだ。そう考えることによって、リカは、母を許そうとする。それでいったん自分を納得させる。しかし本当は、「同じ」であるコンプレックスは、母が作り出した幻想だ。作中では、実際のリカは美人であることが繰り返し強調されている。しかしリカは自分をイグアナのような存在だと思い込み続ける。

ならばどうやったら母の呪いは解けるのか、と考え込んでしまうラストシーンだ。

よしながふみと2010年代以降

2010年代になって母娘問題を考える風潮が流行っているのは、「絆」を強調するようなムードの反動、そして長らく文学的主題であった父親がもはやテーマになるほど家族内の存在感がないことが挙げられる。さらに90年代に刊行された『イグアナの娘』を読むと、やはり母娘の間にある葛藤は根深く、父息子のように倒して終わり、と言えるような関係性でないことが分かる。

最後によしながふみによる『愛すべき娘たち』[24]という漫画を紹介して終わりたい。本書は、さまざまな女性の生きざまを集めた連作短編集である。主人公雪子の母がホストのような若い男性を結婚相手として連れてきて戸惑う物語に始まり、人を愛せなくてお見合いを繰り返す女性の物語、大学の非常勤講師にいきなり迫る女子大生の物語など、多様な女性たちの姿が収められている。

なかでも第一話と最終話は、アラサーの娘である雪子と、母親の物語である。雪子の母は、容姿の美しい人だった。しかし彼女は自分でそう思えない。母親に容姿を否定されてきたからだ。雪子はある日祖母の家に行ったとき、それとなくその話

24 よしながふみ『愛すべき娘たち』2003年、白泉社。「いや本書、萩尾望都とよしながふみの話しすぎだろ」と思われそうですが、そのとおりです。

それはまあ得意そうな顔で笑ってみせたんですよ！とっても生意気そうな嫌な顔だった!!
わたしこれ以上この子ちやほやされたらこの子は駄目《だめ》になってしまうと思ったの
麻里の事をあの人みたいに嫌な人間にしてはいけないって思ったの！
………だからわたしそれから麻里の事はわざと顔を褒《ほ》めないようにしてきたのよ

よしながふみ『愛すべき娘たち』（白泉社）p198

題を出す。すると祖母は言う。

「自分はわざと容姿を褒めないようにしてきたのだ」と。

祖母には、むかし自分の顔を嫌な言い方でけなしてきた同級生がいた。娘がちやほやされるのを見ると、どうしても彼女のことを思い出してしまう。娘をそんな嫌な性格にしないよう、わざと容姿を褒めずに育ててきたのだという。

それを知った雪子は思う。


「母というものは　要するに　一人の不完全な女の事なんだ」

（『愛すべき娘たち』）


『イグアナの娘』でもそうだったが、娘がどこかで母の不完全さを知るプロセスというものが、母娘問題のなかでは必要なのかもしれない。しかしそれだけでは娘側の葛藤はすべて消えるわけではない。母は倒すことができない。だからこそ今なお、たくさんの娘たちがこのテーマについて考えているのだろう。

あとがき

はっきり言って、本というのはあとがきを書くためにあるのではないか、と思うことがあります。

いやこんなこと言うと、いろんなところから石を投げられそうですが。なによりここまで読んでくださったあなたに怒られそうですね。ごめんなさい。読んでくださってありがとうございます。え、飛ばし読み？　立ち読み？　ぜひ買って本編を読んでみてくださいね。けっこう面白いと思うのですが。

それにしても、こうして「原稿終わったー！」と思いながら、あとがきを書けるのは嬉しいもんです。金曜日の夜に飲むビールみたいな。おいしい。

「はー、今ならなんでも書いちゃうぜ」と肩の力が抜ける瞬間です。

とくに本書はビールがおいしい。なぜなら書くのが大変だったからっ！

当初出版社さんに提出した企画書によると、本書のコンセプトは「とくに女性にまつわる疑問を、コンテンツ解説を通して解く！　みたいな。」と能天気に書いてあるわけですが。ジャンルもフリー、一章分の字数もけっこう長い。いや自分で決めた形式なんだけど。誰だよこの形式決めたの！　と心から過去の自分を恨みつつ、昔書いた原稿を引っ張り出してきたり、昔から書きたかったアイデアをこの際だからと出してみたり、「自分の引き出し全部開け」状態で書くことになりました。しかしおかげさまでというべきか、今の自分の、自己紹介をするような本になった気がします。「今の私が興味あるテーマはこんな感じです」って。

あなたの興味にも近いことを心から願っています！

ひとつ注釈をつけておくと、最初「うーん、今の時代に『女性』というまとめ方をやっちゃっていいんだろうか」と悩みました。

男性女性、とジェンダーでなにかを分けること自体、いろんな意味でナンセンスなような気がするし。厩戸王子《うまやどのおうじ》のような、トランスジェンダーと解釈することもできるキャラクターも出てくるし。ヒロイン、とか、女の子、とか、そういう言葉の括《くく》り方がそもそも古いかなあと思うこともあり。

でも原稿を書くなかで気づいたのですが、やっぱり自分が書きたいのは、もっと語られてほしい、まだ語られ足りない、ヒロインたちの姿、だったので。

古いかもしれませんが、それでも自分はヒロインという言葉を使っていこう、とどこかのタイミングで決めたような気がします。

ジャンルは関係なく、とにかくそこにあるヒロインたちの輝きについて、そしてそれらがうつしだす解かれていない謎について、私は書きたかったのでした。


ついでにもうひとつ注釈をつけておくと。まえがきにも書いたのですが、私はけっこうずっと「批評」が好きでした。面白い批評を読んだときの「そういうことだったのか!」と、世界は変わってないのに世界の見え方が変わることで、自分の世界がひっくり返る瞬間が好きなのです。

でも世の中で「批評」という言葉が、あまりいいイメージではなく、上から目線で語ることのように使われているのが、なんだかなあ、とずっと思っていました。

なので、もし本書を読んだ方が、少しでも「批評っぽい文章も面白いな」と感じてもらえたら、こんなに嬉しいことはありません。そう感じてもらえますように、と願いつつ書きました。

そんなわけで、前作に引き続いて笠間書院の皆様。感謝しかありません。とくに編集の山口さん、今回も原稿が遅れるにしたがってメールの向こうからひきつる顔が見えるようでしたが……ありがとうございました……。本当に……。

また素敵なイラストを描いて下さった芦野公平さんにもお礼を申し上げます。

本書に携わってくれている皆様、そして読んでくださっているあなたも。本当にありがとうございます。

私はずっと、物語のなかの女性たちに惹かれていたし、それを書くべき時代が来ているようにも思うのです。

本書に登場してくれたヒロインたちにも、心からの感謝をこめて。

２０２１年11月　三宅香帆

本書の第一部はｍｏｎｏｋａｋｉ（新時代のヒロイン図鑑）の連載を、第二部「大奥論」と第三部「２０１０年代アイドル論」は筆者執筆のｎｏｔｅを、第二部「平成少女漫画論」と第三部「シスターフッドの変遷」の一部は文春オンライン掲載の記事を、筆者が加筆修正したものです。

三宅香帆（みやけかほ）

1994年生まれ。高知県出身。

京都大学大学院人間・環境学研究科博士前期課程修了。大学院時代の専門は萬葉集。大学院在学中に書籍執筆を開始。現在は東京で会社員の傍ら、作家・書評家として活動中。

著書に『人生を狂わす名著50』(ライツ社)、『文芸オタクの私が教える バズる文章教室』(サンクチュアリ出版)、『副作用あります!? 人生おたすけ処方本』(幻冬舎)、『妄想とツッコミでよむ万葉集』(大和書房)、『(読んだふりしたけど) ぶっちゃけよく分からん、あの名作小説を面白く読む方法』(笠間書院)。ウェブメディアなどへの出演・連載多数。

女の子の謎を解く

2021年11月25日　初版第1刷発行

著者　三宅香帆
イラスト　芦野公平
発行者　池田圭子
発行所　笠間書院

〒101-0064
東京都千代田区神田猿楽町2-2-3
電話03-3295-1331　FAX03-3294-0996

ISBN 978-4-305-70950-9

アートディレクション - 細山田光宣
装幀・デザイン ―― 鎌内文
（細山田デザイン事務所）
本文組版 ―――― キャップス
印刷／製本 ―――― 大日本印刷

https://kasamashoin.jp